EPN:
EL RETROCESO

Luis Pazos

EPN:
EL RETROCESO

Luis Pazos

EPN:

EL RETROCESO

A la memoria de mi padre, que produjo más de lo que consumió, creó empleos, pagó impuestos y apoyó muchas obras sociales en su comunidad, sin que casi nadie lo supiera, al igual que miles de pequeños, medianos y grandes empresarios.

A Maritza, que ya no está.

Al personal del CISLE, A.C. por su apoyo en las investigaciones, gráficas y transcripción de textos y datos.

Diseño de portada: Jorge Garnica / La Geometría Secreta
Fotografía de portada: Procesofoto / Eduardo Miranda

© 2017, Luis Pazos

Derechos reservados

© 2017, Editorial Planeta Mexicana, S.A. de C.V.
Bajo el sello editorial DIANA M.R.
Avenida Presidente Masarik núm. 111, Piso 2
Colonia Polanco V Sección
Deleg. Miguel Hidalgo
C.P. 11560, Ciudad de México
www.planetadelibros.com.mx

Primera edición: enero de 2017
ISBN: 978-607-07-3792-3

Impreso en los talleres de Litográfica Ingramex, S.A. de C.V.
Centeno núm. 162-1, colonia Granjas Esmeralda, Ciudad de México
Impreso y hecho en México – *Printed and made in Mexico*

Contenido

¿Por qué el retroceso?

Hay dos visiones radicales de la situación económica de México, una, descalificar todas las acciones gubernamentales *a priori* porque pertenecemos a otro partido o sostenemos una ideología que no comparten quienes detentan el poder. La otra, justificar todo lo que hacen o dicen los gobernantes por pertenecer a su partido o recibir sus prebendas.

El presente análisis, más allá de visiones radicales, te proporciona cifras y razonamientos sustentados para que los ponderes y llegues a tus propias conclusiones.

El gobierno dirigido por el presidente Enrique Peña Nieto realizó cambios estructurales positivos, aunque tardíos e incompletos, como la **Reforma energética**, que implica abrir a la inversión privada y a la competencia los monopolios estatales de Pemex y la CFE.

Mediante la **Reforma educativa**, que en principio constituye un avance, el gobierno busca terminar con el fascismo educativo que creó años atrás su propio partido, al entregarle la educación primaria y secundaria a un sindicato a cambio de votos y apoyo electoral.

En cuanto al deterioro y crecientes desequilibrios de la economía: deuda, déficit y aumento de pobres, entre otros, el gobierno de EPN responsabiliza a factores externos: la caída internacional del precio del petróleo, el fortalecimiento del dólar, la crisis en China o la salida de Inglaterra de la Unión Europea. Los defensores del actual gobierno señalan que no es lo mismo gobernar con un precio del petróleo alrededor de los 100 dólares que en torno de los 40.

La baja del petróleo impactó la economía de México, pero no por la baja en sí, sino por la dependencia de las finanzas del gobierno en los ingresos petroleros y la ausencia de una adecuación del gasto público a esa baja de ingresos petroleros, que se da hasta 2015, pues en 2013 y 2014 los ingresos petroleros fueron 8.2%[1] mayores que en los dos últimos años de Calderón.

En 1982 las exportaciones petroleras representaron 57% de las exportaciones totales; el comercio exterior estaba petrolizado. En 2016, menos de 5%; **ya no somos un país petrolero.**

Gracias en parte al Tratado de Libre Comercio con EUA, la mayoría de las exportaciones, más de 90%, es generada por el sector privado. Las exportaciones automotrices representan alrededor de 30% de las exportaciones totales, seis veces más que las petroleras.

La causa de la quiebra de Pemex no fue la baja del petróleo sino la ineficiencia y los altos costos de ese monopolio estatal que durante el siglo pasado constituyó una de las principales fuentes de corrupción, de derroche, de enriquecimiento de funcionarios y de contratistas corruptos que compartían las altas ganancias de los sobreprecios con funcionarios.

La deuda de Pemex, aun sin contar los pasivos laborales, es impagable por la empresa. Es mayor a la de Shell, a la de Chevron o a la de Exxon.

Líderes sindicales se enriquecieron con la venta de plazas, cuotas y miles de millones de "ayudas" de la empresa a cambio de apoyo en las elecciones, como lo documentó en 2001 el llamado *Pemexgate*. Al pueblo solo le tocó contribuir con el pago de gasolinas caras y de mala calidad.

El impacto de la baja de precios del petróleo en los ingresos gubernamentales fue compensado con creces por los ingresos adicionales derivados de los aumentos de

---

[1] Datos de SHCP.

impuestos, pero esos ingresos, supuestamente para cubrir el hoyo que dejó en los ingresos fiscales la reducción del precio del barril de petróleo, fueron utilizados para gastar más, no para reducir el déficit fiscal.

Los comentarios, gráficas, cifras y comparaciones que aquí presentamos, nos permiten llegar a la conclusión, aritmética y lógicamente sustentada de que **debido básicamente a las políticas económicas internas equivocadas del actual gobierno sufrimos un retroceso en la economía mexicana:** más gasto público, más déficit y más deuda, incrementaron el riesgo país y redujeron la solidez del marco macroeconómico, lo que aumentó la salida de capitales, generó la devaluación del peso, hizo necesarios el aumento de tasas de interés y la venta de reservas por el Banco de México para evitar una mayor devaluación.

El actual gobierno no solo incrementó sus gastos presupuestados con el apoyo de la mayoría de diputados que pertenecen a partidos que controla el ejecutivo, sino que gastó de 2013 a 2016 por arriba de lo autorizado por el Congreso.

Ante una baja de ingresos lo correcto es reducir el gasto público, no pedir más dinero prestado ni aumentar impuestos. En el gasto público hay "mucha tela de donde cortar", como lo demostraremos más adelante.

Incrementar impuestos genera una baja en la inversión de las empresas sujetas a una mayor presión fiscal, pues las inversiones, precursoras del empleo y crecimiento, y los impuestos, salen de las mismas fuentes: las ganancias y las ventas.

Economistas neo-keynesianos aconsejaron al presidente López Portillo (1976-1982) convertir el gasto público en el principal motor de la economía; los resultados fueron desastrosos: alta inflación, devaluación, empobrecimiento y pérdida de los ahorros de millones de mexicanos.

Reducir gasto sin bajar impuestos ayuda a evitar un mayor endeudamiento y déficit, pero desestimula el crecimiento.

Aumentar impuestos y el gasto, como lo ha hecho el actual gobierno, es el peor camino, que resulta en un retroceso en materia económica, aumenta los desequilibrios, el déficit, la deuda y reduce el crecimiento.

El presidente Enrique Peña Nieto recibió una economía con un crecimiento de 4% (2012), ahora crecemos alrededor de 2%.

Impuestos más altos restan competitividad fiscal para atraer inversión extranjera directa, la que ha sido el principal motor inicial de los altos crecimientos de China, Irlanda y Singapur.

Los altos crecimientos de esos países dejan claro que **mantener bajos los impuestos es el mejor incentivo para aumentar la inversión productiva, el empleo y crecer más.**

Es positivo buscar un superávit primario en el presupuesto de 2017, pero es insuficiente para mejorar las expectativas negativas vaticinadas por las calificadoras si no representa por lo menos 1.5% del PIB.

Más adelante identificamos dónde se puede recortar el gasto en educación sin reducir la educación; en programas "sociales" sin perjudicar a los pobres, y en casi todos los sectores del gobierno sin bajar la calidad y cantidad de los servicios que benefician a los ciudadanos.

Para curar a un enfermo, además de identificar la enfermedad, es necesario aplicar la medicina correcta en las dosis adecuadas.

El autor

Aumento del gasto público impidió aprovechar el aumento de impuestos para reducir desequilibrios fiscales

Incrementar el gasto público a la vez que bajan los ingresos es la principal causa de los desequilibrios crecientes en las finanzas públicas de la actual administración.

El aumento de impuestos recetado al pueblo mexicano productivo y consumidor, para gastar más ante la reducción de la producción, exportación y precio del petróleo, es una de las causas de los bajos crecimientos. El aumento del gasto se justificó diciendo que era una medida "contracíclica" para incrementar el crecimiento.

Más gasto corriente, burocracia, participaciones federales a los estados y de programas etiquetados como sociales pero destinados a ganar votos en las elecciones, fueron el destino de parte de los recursos adicionales que ha gastado el gobierno federal, derivando de una mayor presión y costo fiscal a los mexicanos productivos.

Los resultados reales de esas políticas económicas de 2013 a 2016 son bajos crecimientos, más deuda, más déficit y más pobreza.

Un panorama con el precio promedio del petróleo menor al calculado en el presupuesto de egresos, y un alza de tasas de interés incrementó la carga de la deuda pública y provocó mayores déficits, lo que repercute en una menor confianza de los inversionistas para abrir empresas en México y en más presiones inflacionarias y devaluatorias.

El camino elegido por el actual gobierno y convalidado por los diputados del PRI es erróneo y ha sido, hasta 2016, en la misma dirección al tomado en los años 70 y 80 por anteriores gobiernos priistas.

Al analizar los presupuestos del actual gobierno vemos que no tienen nada de austeros. Las reducciones en algunas dependencias del sector público federal se orientaron fundamentalmente al gasto de inversión, destinado a infraestructura, y no al gasto corriente, que implica burocracia con poca utilidad social.

RECORTES AL PRESUPUESTO 2016
(% con respecto al presupuesto aprobado por el Congreso)

Fuente: Informes Trimestrales al Congreso 2016, SHCP.

En este gobierno se crearon y fortalecieron institutos, dependencias y organismos con poco o ningún beneficio social.

En los presupuestos de esta administración se infló el precio del petróleo para ayudar a cuadrar el gasto a mayores niveles.

El Poder Ejecutivo Federal, los gobernadores, los legisladores y el Poder Judicial, reflejan con sus gastos superfluos e innecesarios un alejamiento de los ciudadanos, a quienes cada día les cuesta más conservar sus niveles de vida debido al exceso de leyes, reglamentaciones, permisos, prohibiciones, multas e impuestos.

PRECIO DEL CRUDO (dólares por barril)

	APROBADO	OBSERVADO		APROBADO	OBSERVADO
2007	42.8	61.7	2013	86.0	98.4
2008	49.0	90.4	2014	85.0	85.5
2009	70.0	57.6	2015	79.0	43.3
2010	59.0	72.1	2016	50.0	32.2
Promedio	55.2	70.45	Promedio	75.0	64.8

Fuente: Cuenta Pública 2007 al 2015, SHCP y Secretaría de Economía, enero-julio 2016.

El presidente Enrique Peña Nieto señaló que si se hubiera instrumentado unos años antes la reforma energética tendríamos otro México. Correcto, pero no dijo que fue su partido, el PRI, quien se opuso a esa reforma en 2008.

La administración del presidente Peña Nieto se ha caracterizado por ser más reactiva que preventiva.

En sus tres primeros años no realizaron los ajustes necesarios en Pemex para evitar su quiebra. Fue hasta que se quedaron sin efectivo para pagar sus obligaciones cuando cambiaron a su director, quien no instrumentó las modificaciones oportunas.

La reducción del flujo de recursos petroleros se ha exagerado; aunque en 2015 si bajaron los precios del barril de petróleo, en sus cuatro primeros años el gobierno del presidente Peña Nieto obtuvo ingresos del petróleo en promedio 11.3% mayores a los ingresados en los cuatro primeros años de la presidencia de Calderón.

INGRESOS PETROLEROS
Cifras en miles de millones de pesos

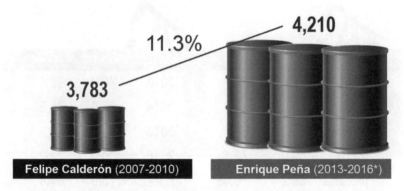

*Para 2016 se toma en cuenta el estimado en el año aprobado por el Congreso
Fuente: Cuenta Pública de los años indicados. SHCP.

En Sedesol tuvieron que pasar tres años para darse cuenta de que a la vez que aumentó el gasto en programas contra la pobreza se incrementó el número de pobres.

Postergar cambios y actuar como si el problema fuera "administrar la riqueza" en los primeros años de esta administración, es la principal causa de un menor crecimiento y una mayor devaluación, no factores externos.

El deterioro de los principales indicadores macroeconómicos redujo la solidez económica. Existe el riesgo, de no cambiar su progresivo descalabro, de futuras bajas de calificaciones para México por organismos internacionales, las que se traducirán en un mayor costo de la deuda, por el aumento de los intereses de los préstamos y un menor ingreso de inversión extranjera externa.

Si no hay ajustes estructurales y sustentables en el gasto público y la deuda que permitan revertir el déficit y el endeudamiento, nos encontraremos frente a problemas que ya parecían superados en México desde principios de este siglo.

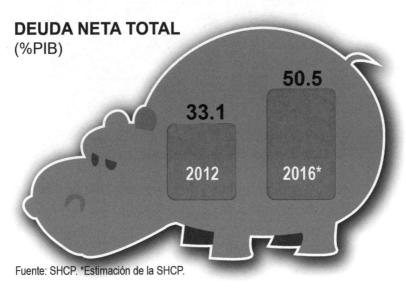

DEUDA NETA TOTAL
(%PIB)

33.1

50.5

2012

2016*

Fuente: SHCP. *Estimación de la SHCP.

Si tomamos en cuenta también la deuda llamada subnacional (3.1% del PIB en 2015, según el CEFP), que es la de los estados y municipios, los Cetes y valores en manos de extranjeros, y el pago de la deuda de todas las empresas estatales, que constituyen los llamados Requerimientos Financieros del Sector Público (RFSP), que es el déficit ampliado del sector público, la deuda equivale a 52% del PIB, según cálculos del Centro de Estudios Económicos del Sector Privado (CEESP).

Lo único que implementó con tiempo el actual gobierno fue el aumento de impuestos a empresas y a los trabajadores.

RECAUDACIÓN DE ISR A EMPRESAS
(Millones de pesos constantes de 2015)

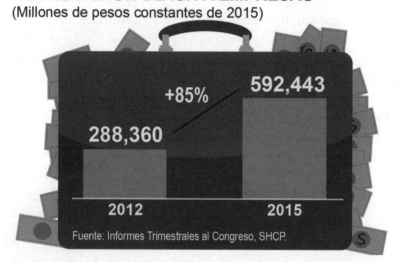

+85%

592,443

288,360

2012   2015

Fuente: Informes Trimestrales al Congreso, SHCP.

Redujeron la deducibilidad de las prestaciones a los trabajadores a casi la mitad, los salarios reales y la creación de empleos con mejores salarios. La extracción de recursos a las empresas aumentó 85% en el actual gobierno, según un estudio de Coparmex.

Los ingresos tributarios, a pesar de la caída de los impuestos pagados al gobierno por Pemex, se incrementaron de 2012 a 2016 de 9.7% a 13.5% del PIB (estimado).

El aumento de impuestos compensó con creces la caída de los ingresos petroleros; pero el gobierno, en lugar de implementar un plan de austeridad para reducir déficit y deuda, siguió incrementando el gasto.

INGRESOS TRIBUTARIOS
(%PIB)

Fuente: Cálculos propios con datos de Cuenta Pública de la SHCP e INEGI.

Si junto con el aumento de impuestos no se hubiera aumentado el gasto en los tres primeros años, se podría haber reducido el déficit a una tercera parte.

GASTO PÚBLICO EN MÉXICO
(%PIB)

Fuente: Cuenta Pública 2012-2015. SHCP.

El aumento del gasto, básicamente por motivos político-electorales, gastar más recursos públicos en un entorno de elecciones de diputados federales y gobernadores, llevó a un déficit de -2.4% en 2012, a uno de -3.6% en 2015, además del crecimiento de la deuda con relación al PIB.

Calificadoras y organismos internacionales como el Fondo Monetario Internacional (FMI), recomendaron al gobierno de México reducir sus desequilibrios en las finanzas públicas para ya no seguir debilitando el marco macroeconómico.

Existe el riesgo, de no revertir el aumento de déficit y deuda, de que le bajen la calificación a México.

La calificadora Standard & Poor's bajó la perspectiva crediticia de México de "estable" a "negativa", debido al bajo crecimiento esperado en relación con el constante aumento de la deuda en proporción al PIB. Ese cambio en la perspectiva es la antesala de una baja de calificación a México si continúa aumentando su déficit y deuda.

DÉFICIT PÚBLICO
(%PIB)

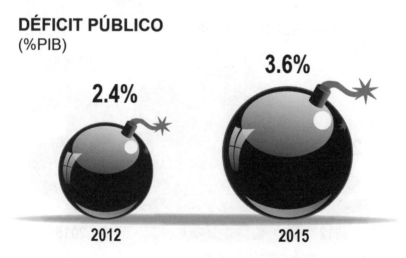

Fuente: SHCP.

Una reducción de la calificación de la deuda se traduciría en un menor flujo de inversiones extranjeras, aumentos de las tasas de interés, un mayor deslizamiento del peso ante el dólar y un menor crecimiento. Si no hay ajustes estructurales y sustentables en el gasto público que permitan reducir el déficit y la deuda, nos encontraremos frente a problemas que ya parecían superados desde finales del siglo pasado.

Peligro de regresar a "la dictadura perfecta"

En el siglo XXI, con la alternancia en la Presidencia nació la esperanza entre la mayoría de los mexicanos de que habíamos dejado atrás la llamada por el Premio Nobel de Literatura, Mario Vargas Llosa, "la dictadura perfecta".

El PAN ejerció el poder ejecutivo federal en dos sexenios, pero no pudo realizar las reformas estructurales por no tener mayoría en el Congreso y con casi todos los estados en manos del PRI. En los gobiernos de esos estados se apoyó el PRI para regresar a la Presidencia.

Los gobernadores priistas, a los que les salió lo de "libres y soberanos", una vez que no hubo un presidente del PRI no rindieron cuentas claras del destino de miles de millones de participaciones federales y de las enormes e impagables deudas que contrajeron.

El manejo arbitrario de esos millonarios recursos sin dar cuentas a ninguna autoridad superior, facilitó desvíos de miles de millones hacia los patrimonios privados de los gobernadores, sus colaboradores y para campañas del PRI a nivel municipal, estatal y federal.

Una de las situaciones que más agrava una enfermedad es posponer su tratamiento; no es lo mismo ir al dentista cuando nos empieza un dolor en la boca que meses después. Lo mismo pasa con la austeridad que debía haber empezado desde 2014. Cada año anunciaban recortes para el siguiente. Implementar recortes tardíos e insuficientes origina la necesidad de acciones posteriores más profundas.

La austeridad debe abarcar todas las dependencias públicas, poderes y niveles de gobierno, pero los presupuestos enviados por el poder ejecutivo al Congreso hasta 2016 no han aplicado un programa de austeridad serio y suficiente.

Lo más sano es que las reducciones en el Poder ejecutivo sean sobre el gasto corriente y no de inversión o infraestructura. El gasto en burocracia aumentó en lo que va de esta administración.

GASTO DEL GOBIERNO FEDERAL EN BUROCRACIA
(miles de millones)

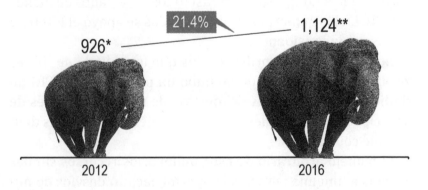

926*   21.4%   1,124**

2012   2016

Fuente: Gastos en servicios personales: sueldos y prestaciones, SHCP.
*Ejercido.   **Presupuestado.

El anuncio de un **presupuesto base cero**, que implica cuestionar todos los gastos y someterlos a un análisis de costo-beneficio, no pasó de ser un anuncio.

Varios analistas y funcionarios afirman que la devaluación en México se debe a factores externos, principalmente por el aumento de tasas de interés en Estados Unidos.

Ese factor presiona la devaluación de las monedas al salir capital especulativo por cambios en las tasas de interés, por las bajas expectativas de crecimiento y de seguridad que ofrece cada país, pero **los factores determinantes para los porcentajes y la permanencia de las devaluaciones de las monedas de un país respecto al dólar, son las fortalezas o debilidades en su economía interna.**

DEVALUACIÓN
(pesos por dólar)

1 de dic. 2000 - 30 de nov. 2012	1 de dic. 2012 - 30 de sept. 2016
12 años	3.10 años

Fuente: Con base en datos de Banxico.

La devaluación no se origina por causas externas sino por un gasto gubernamental excesivo y deficitario, que crea las condiciones para que eventos externos provoquen la depreciación o apreciación de la moneda.

Dos políticas internas son las causas primeras de las devaluaciones monetarias: la impresión de dinero para financiar
el déficit presupuestal, como pasó en México en las décadas
de los 70 y los 80, o la emisión de deuda y Cetes con intereses
atractivos para que la adquieran ahorradores extranjeros.

La emisión de dinero para financiar el gasto público, que
genera aumento de precios, más un tipo de cambio fijo, fueron
las causas de un dólar relativamente barato en relación con la
inflación, que redujo las reservas y creó expectativas devaluatorias abruptas en los años 70 y 80.

Gracias a la independencia del Banco de México en 1994,
la emisión de dinero ya no quedó al arbitrio de la Secretaría
de Hacienda, la que sí puede emitir deuda interna, como los
Cetes.

En el caso actual de México, enormes cantidades de Cetes
están en manos de fondos extranjeros. Cuando llegan a com-
prarlos aumentan las reservas, pues cambian sus dólares a
pesos, y cuando los venden las reducen.

Hubo períodos, a mediados de 2014, en los que cerca de
70% de los Cetes estaban en manos de extranjeros (68%). En
agosto de 2016 era de 28%. La venta de Cetes por inversionistas financieros extranjeros generó una salida de capitales
cuyos efectos fue un aumento del precio del dólar, atenuado
con la venta de dólares por Banxico.

Muchos Cetes se pueden vender en unos cuantos minutos
y demandar dólares, como sucedió algunos días de 2015 y
2016. La mayoría de los Cetes son deuda a corto plazo.

Ante el alza de intereses en EUA hay un reacomodo de
carteras de países inseguros a países más seguros para la inversión, que ha implicado la salida de millones de dólares de
México.

Con la venta de reservas, Banxico ha evitado un mayor aumento del dólar ante un incremento en la demanda de estos por quienes venden los Cetes por ya no considerarlos una inversión con rendimientos atractivos, a la luz de un aumento en el riesgo país y con la expectativa de un mayor deslizamiento del dólar por la creciente debilidad macroeconómica.

CETES EN POSESIÓN DE EXTRANJEROS
(promedio mensual en millones de pesos)

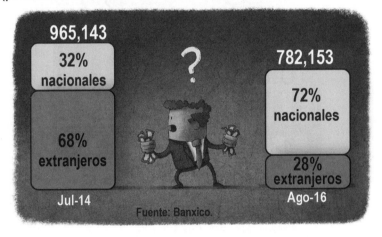

Fuente: Banxico.

Si tuviéramos una economía más sólida y con expectativas de mayor crecimiento, más empleo, menos impuestos, mayor flexibilidad laboral, menos deuda y déficit, la salida de capital financiero sería menor, la entrada de inversión directa, mayor, y la devaluación del peso más reducida y hasta podría haber una revaluación.

Un aumento de las tasas de interés en Estados Unidos implica una recuperación en ese país y, por lo tanto, un aumento de las exportaciones no petroleras de México, que representan más de 90% de las exportaciones totales, la mayoría de las cuales van hacia Estados Unidos.

Durante el actual gobierno ha crecido más la economía de Estados Unidos que en los últimos años del sexenio anterior. La administración del presidente Peña Nieto no ha aprovechado el relativo mayor crecimiento de los EUA, principal socio comercial, para crecer más y consolidar las fortalezas macroeconómicas heredadas.

CRECIMIENTO ECONÓMICO DE EUA
(promedio 4 años)

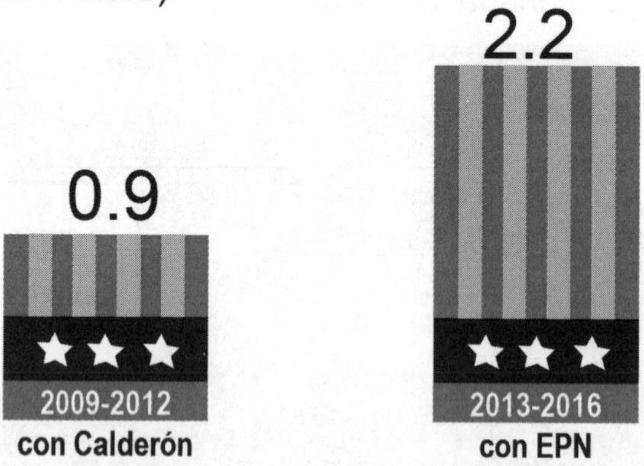

2.2

0.9

2009-2012
con Calderón

2013-2016
con EPN

Fuente: Bureau of Economic Analysis, Departamento de Comercio de Estados Unidos.

Las devaluaciones en México a partir de la década de los 70 obedecieron principalmente a desórdenes en las finanzas públicas: más déficit, más deuda, más burocracia y más gasto público. Esos desequilibrios del sector público se tradujeron en más pobreza.

Esas devaluaciones empobrecen a los mexicanos, incentivan el aumento de precios, redistribuyen negativamente el ingreso, descapitalizan a las empresas, reducen los salarios reales de los trabajadores y aumentan el número de pobres.

Todos los gobiernos en los que se dieron altas devaluaciones debido a gastos improductivos con la excusa de ayudar a los pobres, generaron desequilibrios que perjudicaron principalmente a los pobres y a los trabajadores.

Si queremos un tipo de cambio estable, que no significa fijo, es indispensable que el gobierno no aumente el dinero en circulación ni la deuda en Cetes u otros valores gubernamentales; si no lo hace, seguiremos con altibajos del tipo de cambio que culminan, tarde o temprano, en devaluaciones que se traducen en mayores precios, disminución de la inversión, incertidumbre, especulación, y en un menor crecimiento económico estructural y duradero.

GOBIERNO	% DEVALUACIÓN
Luis Echeverría Ene 1971-Dic 1976	**62%**
José López Portillo Ene 1977-Dic 1982	**404%**
Miguel de la Madrid Ene 1983-Dic 1988	**1,442%**
Carlos Salinas Ene 1989-Dic 1994	**76%**
Ernesto Zedillo Ene 1995-Dic 2000	**68%**
Vicente Fox Ene 2001-Dic 2006	**11%**
Felipe Calderón Ene 2007-Dic 2012	**18%**
Enrique Peña Nieto 1 de dic. 2012-30 de sept. 2016 (3.10 años)	**50%**

El INEGI dio a conocer que de 2012 a 2014 cayó el ingreso real de los hogares de la mayoría de los mexicanos en 3.5%.

Hay quienes culpan del empobrecimiento de los mexicanos a la crisis de Grecia; otros a la baja del precio del petróleo, a la mala distribución del ingreso o a las mayores desigualdades entre los ricos y los pobres.

Esos factores no son la causa de la baja de ingresos reales de la mayoría de los mexicanos, sino el aumento de impuestos destinados a incrementar un gasto público en gran parte improductivo. Ese gasto, lejos de impulsar el crecimiento lo obstaculizó, al reducir en las empresas los márgenes de ganancias, principal fuente de inversión, de empleos productivos y de crecimiento.

Entre bombos y platillos el gobierno anunció un incremento de sus ingresos por el aumento de impuestos en relación con el PIB en sus primeros años de gobierno; lo que no dijo fue que lo logró a costa de reducir los ingresos de la mayoría de los mexicanos productivos.

El gobierno gastó más, los hogares, menos. Es una traslación de ingresos de los gobernados hacia los gobernantes, que se tradujo en un mayor gasto público, improductivo para la sociedad, pues en poco o nada apoyó la creación de empleos productivos y el crecimiento estructural de la economía.

Según un análisis del CEESP, en 2015, contrariamente a lo que dicen los neo-keynesianos, el mayor gasto público no aportó al crecimiento económico, y sí lo redujo en 0.1% del PIB, es decir, sin gasto público hubiera crecido más la economía.

El aumento del gasto público basado en aumentos de impuestos reduce la inversión productiva de las empresas, al trasladarse una mayor proporción de sus ganancias a un gasto corriente improductivo del sector público.

Una de las causas del menor crecimiento de la mayoría de las economías europeas en relación con las asiáticas, es la mayor carga fiscal a las empresas en Europa.

Más impuestos y más gasto público, menor crecimiento. Esta aseveración no es una teoría; sí es una afirmación empírica resultado de la simple observación de la realidad en todo el mundo.

El origen de las grandes inflaciones y devaluaciones de los años 70 y 80 fue el aumento desmedido del gasto y del déficit presupuestal. El actual gobierno arguyó que para evitar un incremento del déficit en sus primeros tres años de gobierno, de los mayores en los últimos 20 años, no tuvo más alternativa que aumentar impuestos. ¡**Falso**!

La disyuntiva más impuestos o más déficit no contempla la mejor alternativa, menos gasto, que es el camino más benéfico para los ciudadanos. Hay mucha tela de donde cortar en el gasto público. Hay una gran cantidad de gastos que podrían reducirse sin afectar estructuralmente el funcionamiento del gobierno.

En el caso del sistema educativo se desvía o malgasta todos los años casi 25% de lo etiquetado como pago a maestros que no dan clases.

Los gobernadores priistas, que le cobraron la factura al presidente por la ayuda en 2012 a su campaña, le pidieron mayores participaciones y se endeudaron más para tapar los hoyos que les dejaron sus aportaciones a los candidatos de su partido y los millonarios desvíos a sus patrimonios y a los de sus colaboradores.

En la mayoría de los estados hay partidas y dinero de deudas millonarias que no se sabe dónde fueron a parar.

En lugar de aumentar las aportaciones federales deben bajarlas **por lo menos 10%**, obligarlos a dar cuentas claras a la Federación, a regresar lo que se llevaron, y veríamos cómo hasta sobraría.

DEUDA DE LOS ESTADOS 1993-2015
Cifras en miles de millones

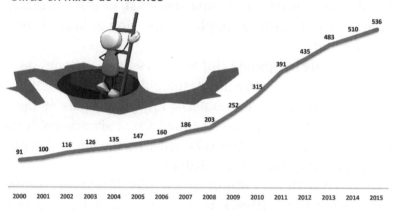

Fuente: Unidad de Coordinación con Entidades Federativas.

En el campo, la mayor parte del presupuesto asignado a ese sector por diferentes vías no llega a los campesinos pobres ni apoya producciones eficientes. Se traduce en repartición de prebendas vía grupos y "líderes" campesinos, que utiliza principalmente el PRI para asegurar el llamado "voto verde".

Los subsidios al campo se podrían reducir en 20% y no afectarían la producción agraria ni aumentarían la pobreza.

Se optó por el aumento del gasto en 2015 para que los gobernadores, sindicatos y organizaciones campesinas del PRI tuvieran suficientes recursos para ganar votos.

Ese mayor gasto en los estados los ayudó a lograr una mayoría en el Congreso en las elecciones para diputados de 2015, que les ha permitido pasar o frenar leyes a su antojo.

Pero el desvío de recursos y la corrupción descarada de varios gobernadores los llevó a perder la mayoría de las gubernaturas en 2016. **En 2017 su objetivo es ganar el Estado de México y en 2018 la Presidencia. Todos los años hay una elección que se convierte en una excusa entre los priistas para gastar más por motivos político-electorales.**

Hasta la fecha, el gasto público, apoyado en aumentos de impuestos y deuda, no ha incentivado el sector productivo. La economía apenas si rebasa el 2% de crecimiento.

Aunque aumentaron los empleos de menos de dos salarios mínimos en alrededor de dos millones, se redujeron en más de ochocientos mil los empleos de más de dos salarios mínimos. **Con el actual gobierno se precarizaron los salarios, según análisis del CEESP.**

Si el gobierno no rectifica el camino hacia menos gasto y menores tasas de impuestos, que a mediano y largo plazos aumentan la recaudación al incrementar el crecimiento, las expectativas positivas generadas por la reforma energética no serán suficientes para lograr mayores crecimientos en lo que resta del sexenio.

Sin impuestos competitivos no funcionarán las ZEE

Durante 50 años de aplicación de una economía socialista dirigida por Mao Tse Tung, no hubo crecimiento económico en China, y a finales de los 50 sufrieron una hambruna en la que murieron 36 millones de personas.

Al término de la década de los 70 el nuevo dirigente de China, Deng Xiaoping, ante el evidente fracaso del sistema socialista estatista, propone ensayar en algunas provincias el sistema capitalista mediante lo que llamaron **Zonas Económicas Especiales**: libre comercio con bajos impuestos, libertad de contratación, facilidades para la importación, exportación y respeto a la propiedad privada.

Esas Zonas Económicas Especiales (ZEE) se convirtieron en el motor que transformó China de un país cuya pobreza y atraso la adjudicaban los "expertos" de la ONU a la sobrepoblación, en la economía que sacó a millones de chinos de la extrema pobreza e incrementó los salarios reales.

El método no fue aumentando impuestos a los ricos sino —como lo demuestro en el libro *Desigualdad y distribución de la riqueza*— disminuyéndolos. Gran parte de las casi 4,000 Zonas Económicas Especiales del mundo están en China.

El presidente Enrique Peña Nieto anunció la creación de la primeras ZEE en México, lo cual puede convertirse en un camino para estimular el crecimiento, si tienen los incentivos adecuados, o convertir esas zonas, como lo señala Guillermo Barba en la revista *Forbes*, en un despilfarro de recursos y en un costoso fracaso, si pretenden desarrollarlas por decreto (17/4/2015).

Los "secretos" del éxito de las ZEE en China son los bajos impuestos a las empresas: 15%; flexibilidad de las leyes laborales y facilidades para exportar e importar.

Si en México esas zonas no van acompañadas de tasas competitivas de ISR no podrán competir con las miles de ZEE que existen en China, India y otros países servirán solo para hacer anuncios mediáticos, como el del "presupuesto base cero" y se convertirán en "elefantes blancos", como comenta Guillermo Barba.

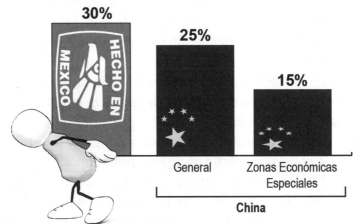

IMPUESTO A EMPRESAS (ISR)

Fuente: Santander Global Banking & Markets.

Para atraer masivamente la inversión extranjera mediante las ZEE no se deben dar incentivos fiscales al criterio de "expertos" de la Secretaría de Hacienda, sino tasas de impuestos a empresas que compitan con las de China, India y de otros países. Si no, en unos años veremos notas en los periódicos que digan "Aunque el gobierno destinó millones a las Zonas Económicas Especiales, fracasaron".

BANXICO *vs.* SHCP

Como una medida para no repetir las grandes inflaciones de los años 70 y 80, en 1994 se estableció la autonomía del Banco de México, que impide al gobierno financiar su déficit presupuestal con emisiones monetarias que generan altas inflaciones y devaluaciones.

Banxico, a partir de esa reforma se encarga de mantener niveles bajos de inflación, para lo cual regula el dinero en circulación e interviene, junto con representantes de la SHCP, en una comisión que regula el tipo de cambio, actualmente flotante, mediante la compra o venta de divisas, en casos de alta volatilidad, o modificando la tasa de interés de referencia para el sistema crediticio mexicano.

Por su lado, la SHCP vía impuestos, deuda interna (básicamente Cetes) y deuda externa, financia el gasto público y puede agrandar o achicar el déficit presupuestal, variables básicas para los equilibrios macroeconómicos y determinantes para la solidez o debilidad de la economía.

Las advertencias de Banxico a la SHCP de bajar el gasto porque si no lo hacía se vería en la necesidad de aumentar las tasas de interés, enviaron señales de que Banxico considera, al igual que organismos y calificadoras, las políticas **de gasto, endeudamiento y déficit** seguidas por Hacienda, factores que debilitan el marco macroeconómico.

El aumento de tasas por Banxico, que implica la percepción de un mayor riesgo país, confirma la reprobación de las políticas de un mayor gasto, déficit y endeudamiento de Hacienda.

A finales de agosto, un día antes del cuarto informe presidencial y a dos semanas de que Hacienda enviara el proyecto de presupuesto de 2017 al Congreso, Agustín Carstens advirtió nuevamente a las autoridades hacendarias sobre lo riesgoso del endeudamiento acelerado. Señaló que "Son comportamientos que están en el límite de lo razonable". Pidió hacer ajustes en el presupuesto de 2017, pues el margen de ajuste para la política fiscal ya es reducido.

Desde 2013 Hacienda sabía de la expectativa de una baja del petróleo y de su impacto en sus ingresos, y en lugar de adecuar sus gastos a esa baja, aumentó impuestos, lo que resta a México competitividad fiscal, como ya lo dijimos, para atraer inversión directa.

El Ejecutivo aumentó la deuda interna, externa y el déficit; Banxico le pide bajar gasto, deuda y déficit, si no cada día será más difícil controlar la inflación y frenar la devaluación.

Si Hacienda no le hace caso a Banxico habrá más inflación, menos inversión extranjera y, por lo tanto, menos crecimiento y empleo por falta de orden presupuestal, no por factores externos.

La inflación hasta 2016 es alrededor de 3%, medida como aumento de precios al consumidor, pero si consideramos el aumento de **precios al productor** para 2016 de mercancías y servicios, con base en datos del INEGI, es mayor a 6%, y de no corregirse los desequilibrios en las finanzas públicas, tarde o temprano se reflejarán en un aumento parecido en el Índice de Precios al Consumidor.

México, opuesto a Singapur en impuestos

Hace unas décadas Singapur se encontraba entre los países más pobres; refugio de maleantes, carecía de agua hasta para sus más elementales necesidades. Ahora Singapur tiene el producto por habitante más elevado, la legislación laboral más flexible, la productividad más alta y de los mejores niveles de educación del mundo.

En una visita a ese país en los años 80 tomé el tiempo en que las grúas descargaban los contenedores de un barco: 40 minutos; ese mismo año medí el tiempo de descarga en Veracruz: dos días e intervenían tres sindicatos. Ya mejoró con la privatización del puerto.

La fórmula para crecer de Singapur luce sencilla, pero difícil de aplicar. Lee Kuan Yew, primer ministro de Singapur de 1959-1990, considerado el autor del "milagro de Singapur", instauró una economía de libre mercado. Terminó con la inseguridad y la corrupción: aplicó el régimen de "cero tolerancia", difícil de administrar en países donde los primeros corruptos son quienes deben combatir la corrupción.

Singapur se convirtió en uno de los centros financieros y de inversión más importantes del mundo. El principal pivote del éxito de Singapur, financiero y de atracción a la inversión, es un sistema fiscal con bajos impuestos a las empresas: 17%, mientras que en México son de 30%, más otros impuestos, incrementados en la reciente "Reforma fiscal", elevan el impuesto a inversionistas extranjeros a 45%, de los más altos del mundo.

Las políticas de aumentos de impuestos en México van en sentido contrario al régimen fiscal en que fundamentó su éxito Singapur.

IMPUESTO A EMPRESAS % (ISR)

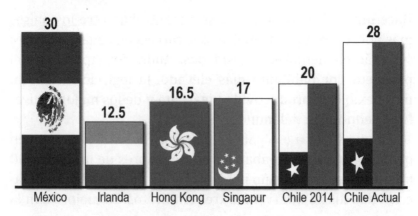

Fuente: Santander Global Banking & Markets.

Con las tesis populistas y demagógicas de que a través de un mayor gasto público y programas "sociales" se combate la pobreza y la desigualdad, los gobiernos de México, y la mayoría de los de Iberoamérica, aumentaron sus deudas, déficits e impuestos, que los alejan de un esquema fiscal competitivo a nivel global para fomentar la inversión, crear mejores empleos y alcanzar mayores crecimientos.

Si no se reducen las tasas de impuestos en México, se aumenta la seguridad, honestidad y confianza en los gobernantes, estaremos cada día más lejos de lograr avances económicos como los de Singapur.

Altos impuestos a ricos no reducen pobreza: Francia

En 2014 el gobierno socialista francés aumentó los impuestos a los ricos para cumplir sus compromisos con la izquierda radical, que apuntaló su triunfo en las elecciones. Justificó ese aumento de impuestos con las tesis de los teóricos de la "nueva izquierda", como Thomas Piketty, quien sostiene en sus libros que a través de altos impuestos a los ricos se reducen a la desigualdad y la pobreza.

Francia fue el país del mundo con la mayor salida de millonarios en 2015: 10,000.[2] Esa fuga de capitales agravó el desempleo, a tal grado que el gobierno de izquierda francés derogó el aumento de impuestos a los ricos a un año de implantado.

En 2016 inició una reforma laboral para reducir las cargas a los creadores de empleos y aumentar la flexibilidad laboral.

---

[2] New Word Wealth. Millonaire migration in 2015. Marzo de 2016.

Esa reforma desató una huelga de los sindicatos, afectados en sus intereses, que antes habían apoyado al candidato socialista en las elecciones. **La reforma ayuda a los desempleados y trabajadores al facilitar la creación de más empleos, pero reduce el poder de los líderes sindicales.**

Lo sucedido en Francia, que narro brevemente en el libro *Desigualdad y distribución de la riqueza,* demuestra, junto con experiencias similares en otros países, que altos impuestos a los ricos productivos, lejos de reducir la pobreza la empeoran y aumentan el desempleo.

En el libro pruebo que la distribución de la riqueza por el Estado, en la mayoría de los países donde se ha practicado, aumentó la pobreza, el populismo, el desempleo y la corrupción. Enumero políticas económicas que se deben implementar para reducir estructuralmente el número de pobres y convertirlos en clase media.

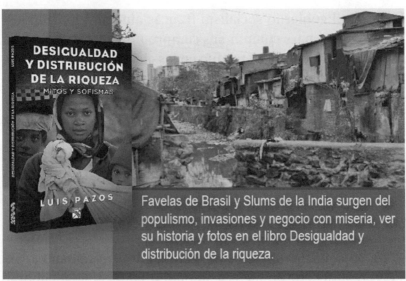

Favelas de Brasil y Slums de la India surgen del populismo, invasiones y negocio con miseria, ver su historia y fotos en el libro Desigualdad y distribución de la riqueza.

Fotos del autor

El mito de las medidas contracíclicas

Para algunos funcionarios, el aumento del gasto y de la deuda pública son medidas "contracíclicas".

Esas políticas, derivadas de las contraproducentes teorías keynesianas, son las causantes de las crisis económicas que explotan periódicamente debido a los aumentos de gastos deficitarios y deudas impagables, que teóricamente son la cura para las recesiones causadas precisamente por esos mayores gastos. **El aparente remedio es la causa de las crisis cíclicas. Es como tomar más licor para curarse la cruda o resaca.**

Ciclo de irresponsabilidad económica

- Impuestos - Gasto + Flexibilidad laboral -Deuda: equilibrio presupuestal

Hablar de ciclos económicos inevitables es un mito inventado por los gobernantes para justificar aumentos de gastos y déficit que a corto plazo generan burbujas de crecimiento, que tarde o temprano explotan, como en 2008. Muchos gobiernos, en lugar de tomar el camino correcto de austeridad y ajustes de gastos ante bajas de ingresos, difícil políticamente, aumentan deuda o imprimen dinero y gastan en nombre de estimular el empleo, el crecimiento y de contrarrestar el ciclo que crean previos excesos en el gasto y la deuda.

La experiencia de la recesión de 2009 muestra que los países, como Grecia, España y Portugal, que aplicaron con mayor intensidad gasto y déficit por años, con el cuento de las medidas contracíclicas, tardaron más en salir de la recesión.

El gobierno mexicano actúa como si el actual bajo crecimiento fuera parte de una crisis global y no por una mala planeación del gasto, baja de ingresos de su monopolio petrolero por ineficiencias, corrupción y su negativa de adecuar oportunamente su gasto a la reducción de ingresos.

Ante una reducción de ingresos, en que también influyó la implementación tardía de la apertura energética, el gobierno aumentó impuestos, deuda y gasto, no como medida contra un ciclo mundial recesivo, sino como camino alternativo para enfrentar una baja de ingresos en lugar de una sana reducción de gastos, que consideró no era conveniente ante elecciones en 2015 y el primer semestre de 2016.

Por qué quebró Pemex

Una empresa quiebra cuando sus pasivos son mayores a sus activos y no cuenta con flujos para pagar a proveedores, pasivos laborales, pensiones, vencimientos de deuda ni nuevas exploraciones. Aritmética y contablemente Pemex está quebrada, aunque no lo acepte su dueño, el gobierno y no el pueblo de México, como por años le hicieron creer.

La baja del precio del petróleo le afectó, como a casi todas las compañías petroleras, pero no es la principal causa de su quiebra; tampoco la entrega de impuestos y derechos al gobierno, parecidos a los que pagan Exxon, Shell y otras petroleras en la mayoría de países donde operan.

Los bajos precios del crudo destaparon las ineficiencias y los abusos de contratistas y proveedores que, asociados con funcionarios corruptos y líderes sindicales, saquearon impunemente a Pemex mediante el exceso de personal, de prestaciones, sobreprecios y obras fantasmas.

PRODUCTIVIDAD EN REFINACIÓN 2015
(barriles diarios por trabajador)

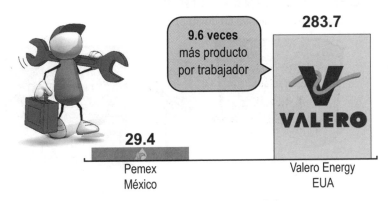

Fuentes: Informes Anuales 2015 de Pemex, Valero Energy y *Reforma*.

"En los últimos 4 años [en Pemex] la productividad por trabajador bajo 8.1%", señala un reportaje de *Reforma*. En la empresa privada estadounidense, Valero Energy, la producción por trabajador alcanzó 283.7 barriles, 9.6 veces mayor a la de Pemex, donde fue de 29.4 por trabajador, concluye el reportaje.[3]

---

[3] *Reforma*, 31 de agosto de 2016: "Aumenta ineficiencia al refinar petróleo".

Valero Energy le compra crudo pesado a Pemex, lo refina en EUA a menores costos y después se lo vende ya refinado como gasolina a Pemex. Sale más barato que refinarlo en México.

La ineficiencia y los altos costos de refinar petróleo en México, en gran parte por los leoninos contratos con el sindicato, sobreprecios en las compras y en servicios de contratistas, llevó a incrementar gradualmente las importaciones de derivados del petróleo (gasolinas, gas, diésel, entre otros), a tal grado que son más los dólares que gastamos en comprar derivados del petróleo que los que recibimos por la venta de crudo. **La balanza comercial petrolera es negativa.**

DÉFICIT BALANZA PETROLERA
Ene.-jun. 2016 (millones de dólares)

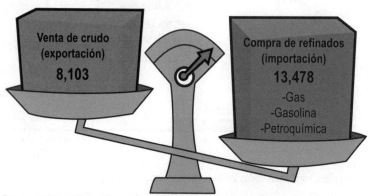

Fuente: INEGI, Información oportuna sobre la balanza comercial de mercancías de México, 2016.

Los gobiernos priistas permitieron el saqueo del sindicato porqué ha sido una fuente de recursos humanos y financieros para el PRI. En 2001, el nuevo gobierno panista descubrió un desvió de Pemex a través del sindicato a la campaña del candidato priista a la presidencia por 1,500 millones de pesos (*Pemexgate*).

Se presentó una denuncia ante la PGR, pero por medio de argucias legales y todo el apoyo del PRI, los acusados, un director de Pemex y dos líderes sindicales, no pisaron la cárcel.

El PRI le dio a un líder sindical una "pluri" de senador y al otro una de diputado para que tuvieran fuero y no los detuvieran. Se documentó el desvío, pero la justicia se inclinó hacia el PRI.

En todas las elecciones de siglo pasado se repetía esa historia, pero nunca se documentó; tampoco los millones que daban en efectivo al PRI para las elecciones proveedores y contratistas, quienes recibían millones en sobreprecios y obras simuladas, que compartían también con funcionarios y líderes sindicales.

Los robos de gasolina y materiales, de los más altos del mundo en el sector petrolero, han sido buen negocio para corruptos, pero influyeron en encarecer gas y gasolinas a los consumidores, más caras que en EUA, en parte para compensar los robos.

ROBO DE HIDROCARBUROS
(millones de pesos)

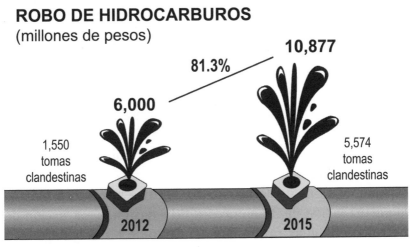

Fuente: Pemex.

Que les paguen sus liquidaciones a sindicalizados con lo que queda de Pemex o con acciones que puede emitir la empresa, pero que no tomen más dinero de impuestos para revivir un muerto.

La baja internacional del precio del barril de petróleo y de sus derivados, entre ellos la gasolina, es visto por el gobierno mexicano como un mal, pero debería verse como un beneficio si se manejaran bien las finanzas públicas y no solo se consideraran los ingresos gubernamentales, sino los de todas las empresas y trabajadores de México.

La tendencia a la baja del precio del petróleo es porque hay más oferta que demanda. En los años 60 había 17 países productores de petróleo. En 2015, según *The World Factbook* de la CIA, había 101 países donde se extraía petróleo.

Estados Unidos, de los principales consumidores de crudo, aumentó su producción interna debido en gran parte a la disminución de regulaciones en el sector petrolero. Hay expectativas de que en unos años se convierta de importador a exportador de crudo.

La producción en aguas profundas en el Golfo de México, la parte que le corresponde a los EUA, es aproximadamente de un millón de barriles diarios. Hay funcionando decenas de empresas privadas que le pagan impuestos al gobierno americano.

En la zona del golfo que le corresponde a México no se produce ni un solo barril de petróleo en aguas profundas, a pesar que el gobierno ha invertido millones de dólares en estudios y perforaciones.

Apenas a finales de agosto de 2016 se aprobó en México la participación de 26 empresas privadas en la extracción de petróleo en aguas profundas del Golfo de México, pero será hasta 2020 cuando sacarán los primeros barriles, señaló el Director de Pemex Exploración y Producción.[4]

La baja del precio del barril de petróleo se tradujo en una reducción de los precios de la gasolina en EUA, lo que incrementó el poder de compra de los americanos e impulsó la economía. Ese crecimiento beneficia al sector exportador mexicano, cuyo principal mercado son los EUA.

EXPORTACIONES TOTALES
(enero-junio 2016)

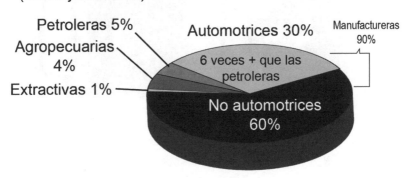

Petroleras 5%
Agropecuarias 4%
Extractivas 1%
Automotrices 30%
Manufactureras 90%
6 veces + que las petroleras
No automotrices 60%

Fuente: SAT, SE, Banco de México, INEGI. Balanza Comercial de Mercancías de México. SNIEG. Información de Interés Nacional.

Las exportaciones petroleras representan 5% de las exportaciones totales; 95% no son petroleras: autopartes, productos industriales y agrícolas, que se exportarán más a EUA con la reducción de los precios del petróleo.

Debido a la ineficiencia del monopolio estatal Pemex, importamos casi 63% de las gasolinas y más de 57% del gas que consumimos. Y aunque con la baja de precios le costará menos a Pemex importarlas, seguirán subiendo los precios

---

[4] *Reuters,* 28 de agosto de 2016.

por los altos impuestos incorporados por el gobierno a la gasolina.

IMPORTACIÓN DE GASOLINA COMO % DEL CONSUMO NACIONAL
(agosto 2016)

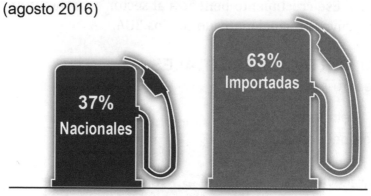

Fuente: Pemex.

PRECIOS DE GASOLINA
(pesos)

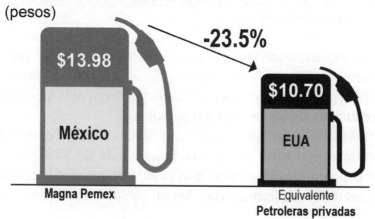

Fuente: EIA en EUA y Pemex. Datos a septiembre de 2016.

La baja del precio del petróleo debería beneficiar a todos los mexicanos si se redujeran los precios de las gasolinas al mismo ritmo que las petroleras privadas en EUA. En México, las políticas expansivas de gasto público repercuten no solo en un menor crecimiento sino en gasolinas más caras para la mayoría, en aras de que el gobierno disponga de más recursos para un gasto en gran parte improductivo.

Encarcelan a saqueadores de petrolera

En marzo de 2014 un juez federal, Sergio Moro, considerado un héroe nacional en Brasil, inicia una investigación sobre la desviación de miles de millones de dólares por contratistas y altos funcionarios de la empresa petrolera propiedad del Estado.

Esa investigación involucra también a directivos del populista Partido del Trabajo que gobernó Brasil en nombre del socialismo. Uno de los fundadores del PT es el expresidente Lula, que fue detenido por unos días para declarar en relación con propiedades que pusieron a su disposición contratistas de Petrobras acusados de fraude.

La operación, coordinada por jueces del poder judicial, denominada *Lava Jato,* investiga a todos los involucrados y beneficiados del saqueo a la petrolera estatal. Originalmente se calcularon los desvíos en 2,000 millones de dólares; actualmente alcanzan 10,000 millones. A esa corrupción la consideran muchos brasileños como una de las principales causas de la crisis económica por la que atraviesan.

A la fecha hay más de 50 encarcelados relacionados con esos desvíos: altos directivos de Petrobras, entre ellos un exdirector, el dueño de la mayor empresa constructora de Brasil (Odebrecht), contratista de la petrolera, un exministro del gobierno de Lula del PT, muy cercano a él y el exsecretario de finanzas del Partido del Trabajo, beneficiado con esos desvíos.

Al PT, partido de izquierda populista, también pertenece la ex-presidenta de Brasil Dilma Rousseff, separada de su cargo para enfrentar un proceso (*impeachment*) en el que la acusaron de violar la ley presupuestal, al presentar datos de ingresos superiores a los reales que le permitieron gastar más.

Manipuló las cifras del déficit presupuestal y utilizó fondos de bancos estatales para cubrir gastos de programas que eran responsabilidad del gobierno.

Esos son los principales cargos, aunque algunos legisladores hablan de que también es responsable de estar enterada de la corrupción en la empresa petrolera y no hacer nada para evitarla.

El 31 de agosto de 2016, 75% de los senadores votó por la separación definitiva de la Presidencia. Las razones fueron que utilizó "medios ilegales para ocultar agujeros en el presupuesto federal", lo que aumentó la recesión, la inflación y los despidos.

Los beneficios que le imputan al expresidente Lula da Silva, mentor y principal apoyo de la carrera política de la ex-presidenta Dilma Rousseff, es que habitaba una casa que le restauró una empresa acusada de corrupción en Petrobras, y el aceptar como regalo —según la fiscalía de Sao Paulo— un departamento de tres pisos frente a la playa, que aparece a nombre de la constructora OAS, contratistas de Petrobras, cinco de cuyos directivos están en la cárcel.

¿Veremos en México una investigación, iniciada por algún juez honesto y valiente, contra quienes saquearon Pemex y varios estados? O el poder judicial seguirá con una actitud pasiva, evadiendo responsabilidades, con la excusa de que no es de su competencia investigar la corrupción. **Habrá que llamar a jueces de Brasil o de España para frenar la impunidad de altos funcionarios deshonestos en México.**

Privilegiados de la seguridad social

Seguridad social, término ambiguo, se refiere al apoyo que proporciona un gobierno a sus ciudadanos en medicinas, hospitales, empleo, habitación, estudios o pensiones.

La **seguridad social universal** implica que esos subsidios lleguen a todos los ciudadanos, lo cual sería maravilloso. El problema es de dónde saldrán los recursos para lograrlo. Funcionarios y candidatos populistas prometen ampliaciones a los programas de seguridad social, sin decir cómo obtendrán los recursos para financiarlos.

México es un ejemplo no solo de programas sociales sin suficientes ingresos que los sustenten, sino de prestaciones privilegiadas a minorías de funcionarios y personal sindicalizado en dependencias y empresas estatales, que implican más impuestos, gasto, déficit y deuda.

En el **IMSS** sus ingresos no son suficientes para cubrir satisfactoriamente las obligaciones con los derechohabientes. En gran parte debido a que **las prestaciones a su personal administrativo y profesional sindicalizado, que les otorgan al pensionarse, le cuestan 20 veces más que las de los**

trabajadores que cotizan y aportan recursos, al igual que sus patrones, a esa institución.

Según un análisis del Centro de Estudios Espinosa Yglesias, el costo de los pasivos consolidados, pensiones principalmente, de los trabajadores afiliados al IMSS, derechohabientes, representan 0.22% del PIB, mientras que el de los trabajadores del propio instituto, 4.5% del PIB.

IMSS
Costos de pasivos de pensiones/PIB

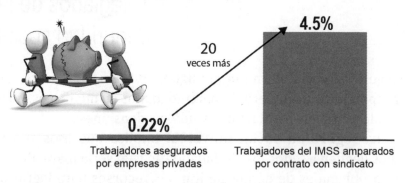

Trabajadores asegurados   Trabajadores del IMSS amparados
por empresas privadas   por contrato con sindicato

Fuente: Enrique Cárdenas Sánchez, *Retos y Oportunidades de los Sistemas de Ahorro para el Retiro.* Centro de Estudios Manuel Espinosa Yglesias. Octubre de 2014, p. 10.

Las pensiones, muchas de ellas prematuras y excesivas, con el 100% de su último salario, a trabajadores sindicalizados de Pemex, CFE y otras dependencias públicas, no alcanzan a cubrirse con los recursos de esas empresas. Se pagarán con los impuestos de trabajadores, empresarios, autoempleados y clase media, la mayoría de los cuales no reciben ninguna pensión ni seguridad social del gobierno.

Otro ejemplo de esos abusos es de un exlíder del Sindicato de la Comisión Federal de Electricidad (SUTERM) que cobra una pensión de esa paraestatal por 475,000 pesos al mes, según nota de *El Universal* del 16 de agosto de 2016.

Un ejemplo ofensivo de la ayuda privilegiada a "ciudadanos" es una pensión como maestro de cerca de 40,000 pesos mensuales y una millonaria beca para que estudiara un posgrado en España, a un expresidente del PRI y exgobernador, que solo dio clases un año.

En México no hay seguridad social para la mayoría, sino un ineficiente, costoso y corrupto sistema de ayudas PRIvilegiadas a minorías con poder de movilización, a cambio de apoyo electoral a un partido. Y mientras se mantengan esos privilegios, no podemos hablar de una verdadera seguridad social y menos universal.

Seguridad social de a mentiritas

El gobierno anunció la incorporación de casi 7 millones de estudiantes al Instituto Mexicano del Seguro Social (IMSS) y de más de 8 millones de beneficiarios de los programas sociales del Estado al Seguro Popular.

De un plumazo más de 15 millones de mexicanos tendrán teóricamente medicinas y hospitales. Así, el actual gobierno presumirá que dio seguridad a millones y aparecerá en las estadísticas nacionales una reducción de "las carencias sociales".

Nos preguntamos: ¿generarán votos de agradecimiento al partido en el poder esas declaraciones mediáticas, sin fundamento en las actuales instalaciones del sector salud?

¿Significan esos "avances" un acercamiento real a la tan prometida "seguridad social universal" o son declaraciones populistas, pues prometen algo que no se puede cumplir sin realizar nuevas inversiones y ampliaciones en el sector salud?

¿Es una manipulación mediática y estadística para que el actual gobierno muestre a quienes miden la pobreza, como Coneval, "avances" sin fundamento en la capacidad de las instituciones que brindan seguridad social en México?

Uno de los principales problemas del IMSS es su falta de capacidad para atender a sus actuales derechohabientes. Miles de trabajadores adscritos a esa institución, ante esperas en algunos casos de varios meses para realizarse estudios, prefieren pagar un médico particular, en lugar de utilizar al IMSS, a la que ven como una institución donde hay escasez de medicinas e instalaciones, que les puede costar la vida o la de algún familiar.

Los patrones ayudan en muchos casos a solventar los gastos médicos de sus trabajadores que se niegan a ir al IMSS. Los patrones pagan doble, al IMSS y a un médico particular.

Combate a la pobreza por gobierno aumenta pobres

En los dos primeros años de la actual administración, el gasto público para combatir la pobreza, según datos de las Cuentas Públicas de la SHCP, aumentó de 310,000 millones en 2012 a 379,000 millones en 2014, un 22%.

El número de pobres, en lugar de disminuir con esos programas, se incrementó de 53.3 millones de diciembre de 2012 a 55.3 en diciembre de 2014, dos millones más, millón por año (Coneval).

Los gobiernos buscan con esos programas votos, clientes, y no combatir la pobreza. Esas ayudas aumentan los incentivos para mantenerse en la pobreza y los disminuyen para salir de ella, pues significa perder subsidios que reciben sin más esfuerzo que demostrar que se es pobre.

Lo mismo sucede con los seguros de desempleo gubernamentales, que son incentivos para no buscar trabajo o tener uno informal, que permita ser oficialmente desempleado, como lo comprueban los resultados de esos programas en Francia, España y Estados Unidos.

LUCHA CONTRA LA POBREZA
(2012-2014)

Recursos aumentaron en 22%

Pobres aumentaron en 2 millones

Fuente: CONEVAL y SHCP.

Foto del autor

La pregunta es, por qué los gobernantes, a pesar de que hay evidencias aritméticas de que sus programas de combate a la pobreza no reducen el número de pobres sino los aumentan, cada año gastan más en ellos. Una de las causas, que ya dijimos, es que dan votos al partido que los controla.

La Cruzada Nacional contra el Hambre, programa "estrella" con que "innovó" la actual administración su lucha contra la pobreza, ha dado pocos frutos en relación con los recursos invertidos en el programa.

La Auditoría Superior de la Federación señala que ese programa no acreditó metodología ni incluyó evaluación específica. De los 61 programas incluidos, solo nueve tienen como objetivo principal luchar contra el hambre.

Omar Garfias, "Secretario Técnico de la Comisión Intersecretarial contra el Hambre", admitió que antes de iniciar el programa no se identificó a las personas que cumplieran con requisitos específicos para ser parte de la cruzada. Se inició una cruzada que intenta acabar con el hambre sin saber quiénes la padecían.

Según una investigación del *Diario Milenio*,[5] está inflado el número de beneficiarios de la "Cruzada contra el hambre". Hablan de 4.7 millones y solo contabilizaron 1.1 millones, menos de un tercio de los que presumen.

Indigenismo demagógico

El candidato del PRI a la Presidencia a finales de los años 90, Francisco Labastida, durante un mitin en un pueblo de Oaxaca prometió que si llegaba a presidente pondría maestros que hablaran dialectos para que enseñaran en dos idiomas.

Una de las indígenas le pidió que en lugar de prometer maestros que hablaran en su dialecto, les mandaran maestros que enseñaran inglés para que sus hijos pudieran comunicarse cuando se fueran a trabajar a Estados Unidos.

Lo que quiere la mayoría de indígenas pobres es salir de la pobreza, no conservar su dialecto, que los demagogos y vividores de los indígenas dicen que debe llamarse "lengua", como el español.

---

[5] Los números de la Cruzada contra el Hambre. *Milenio*, Data, 7/03/ 2016.

A un populista o vividor de los indígenas se le ocurre que hay que traducir la Constitución y una serie de libros a las lenguas (dialectos) indígenas, pasando por alto que varían de pueblo a pueblo y que no tienen alfabeto o signos con los que se escriban.

Los libros en dialectos indígenas tienen que escribirse necesariamente con el alfabeto de la lengua española. El indígena al que le interese leer los libros traducidos a su dialecto solo los puede leer si sabe español.

Señala el INEGI que, según el *Catálogo de lenguas indígenas* del Instituto Nacional de las Lenguas Indígenas, se registraron 11 familias lingüísticas, 68 agrupaciones lingüísticas y 368 variables lingüísticas.

A cuántas lenguas indígenas habrá que traducir la Constitución para que la lean todos los indígenas en su "lengua", además de que tienen que saber español.

Muchos políticos demagogos se ponen una estrellita porque lograron que se tradujera la Constitución a una de las tantas lenguas indígenas. Un gasto sin fruto pero celebrado y aplaudido por quienes ignoran, o no les importa su inutilidad, con tal de que los consideren "benefactores" de los indígenas, a quienes no les sirve, pues si saben español, la pueden leer en español, y si no, no la pueden leer en su lengua.

Otros hablan de "preservar" las costumbres indígenas, muchas de las cuales violan los derechos humanos: permiten golpear a las mujeres, quitarles sus bienes, su herencia y su derecho al voto. Hay "usos y costumbres", como la justicia por propia mano, que son comunes a grupos atrasados en todo el mundo, pero ilegales bajo el actual orden jurídico.

La colorida vestimenta de varios pueblos indígenas no es la que vestían originalmente, fueron los misioneros españoles quienes se las impusieron, puesto que antes andaban semidesnudos.

Lo que le interesa a la mayoría de los caciques indígenas es negociar por qué partido deben votar "sus" pueblos. Se escudan en viejos "usos y costumbres", uno de los cuales lo interpretan como si el cacique debe decidir por quién debe votar cada indígena. Esa práctica antidemocrática no cabe en un país constitucionalmente democrático,

A la mayoría de los "defensores" de las lenguas y costumbres indígenas lo que más les interesa son los presupuestos para "preservarlas".

Los indígenas ricos o poderosos en la historia, como Benito Juárez y Porfirio Díaz, no se comunicaron en sus dialectos ni se pusieron plumas ni defendieron los "usos y costumbres", símbolos de atraso.

Ya es tiempo de que intelectuales, funcionarios, legisladores y ministros de la Suprema Corte sensatos dejen de servir de eco a manipuladores de los indígenas pobres, que gastan y viven del **racismo indigenista**, que en nada ayuda a salir de la miseria a grupos de indígenas atrasados.

Hablar de los derechos de los indígenas es demagogia, sus derechos son los mismos que los de todos los ciudadanos mexicanos; que por ser pobres no se los reconozcan es otra cosa. **Se debe buscar como meta que todos los indígenas hablen español y sus hijos reciban una buena educación primaria y secundaria, solo así saldrán de la pobreza.**

En estados donde hay una numerosa población indígena: Chiapas, Michoacán y Oaxaca, es donde las secciones del sindicato de maestros, dominada por radicales de izquierda, (CNTE) imparten menos clases y con una baja calidad de enseñanza.

Los organismos creados para ayudar a los indígenas no resisten un análisis de costo-beneficio de sus objetivos. Al analizar la Auditoría Superior de la Federación el destino de los más de 1,100 millones de pesos de presupuesto de la **Comisión Nacional para el Desarrollo de los Pueblos Indígenas** en 2014, salió a flote el derroche y la opacidad, por no decir corrupción, que existe en ese organismo, cuya teórica finalidad es ayudar a los indígenas, los que suman alrededor de 12 millones en toda la República Mexicana.

La mayor parte del presupuesto, 70%, se va en nómina y administración, 19% en gastos sin justificar, y solo 6% llega a los indígenas en ayudas.

Una de las políticas fiscales con que se arropa el combate a la pobreza es la de confiscarles recursos a los empresarios ricos mediante más impuestos, para transmitírselos a los pobres a través de programas que teóricamente combaten la pobreza y la desigualdad económica.

COMISIÓN NACIONAL PARA EL DESARROLLO DE LOS PUEBLOS INDÍGENAS
Distribución del presupuesto (Cantidad total: 1,176 millones)

Ayudas directas a indígenas: 70 millones — 6%

Transferencias y asignaciones sin justificar: 223.1 millones — 19%

Sueldos y prestaciones 522.2 millones — 44.4%

Servicios generales: 299.2 millones — 25.4%

Fuente: con base en datos del "Informe sobre el desempeño de la Comisión Nacional para el Desarrollo de los Pueblos Indígenas 2014", de la Auditoría Superior de la Federación.
Nota: los porcentajes suman 95%, el otro 5% está sin especificar.

Ese mito lo adoptan los gobiernos para justificar el aumento de impuestos a empresas productivas, para que una burocracia improductiva los reparta supuestamente entre los pobres.

En países en los que un mayor número de pobres se integró a la clase media y dejó de ser pobre en las últimas décadas, las grandes empresas pagan impuestos bajos, como lo demuestro en el libro *Desigualdad y distribución de la riqueza*.

No hay respaldo en la experiencia de la mayoría de los países de que un mayor gasto gubernamental disminuya la pobreza. Se mantienen esos programas por motivos político-electorales y por darle al gobierno una excusa para aumentar impuestos, política económica que abona a una mayor pobreza.

Subsidios, ¿a quién?

Uno de los renglones del gasto gubernamental que más ha crecido es el clasificado como subsidios. De 2012 a 2015 crecieron en 38%

Los subsidios implican la transmisión de recursos a instituciones que teóricamente cumplen con la función de beneficiar a grupos de personas de escasos recursos, mediante la entrega de dinero en efectivo o en especie para ayudarlos a salir de la pobreza.

Si analizamos el destino concreto de los subsidios, vemos que en su mayoría no ayudan a que los pobres aumenten su nivel de vida en una forma estructural y duradera.

Se habla de los subsidios a la gasolina, sin embargo, cuando comparamos el precio al que llega al consumidor, el resultado es que en México la empresa estatal petrolera, que dice subsidiar a los consumidores, la da más cara que las empresas privadas en Estados Unidos, que ganan dinero. Mientras en EUA bajan los precios de las gasolinas, en México aumentan.

Si analizamos el costo de la energía eléctrica para las empresas en México y en Estados Unidos, vemos que es más barata en aquel país que en el nuestro, aunque el constante deslizamiento del peso la abarata al medirla con un dólar más costoso.

COSTO INDUSTRIAL DE LA ELECTRICIDAD
Centavos de dólar por kilowatt/hora

12.60 —— **-44%**

7.03

México
Sept. 2016

Estados Unidos
Junio 2016

Fuente: CFE y U.S. Energy Information Administration.

Tanto el monopolio petrolero como el eléctrico no subsidian al pueblo, sino las ineficiencias en esos monopolios: sobreprecios a muchos contratistas, proveedores, privilegios a empleados sindicalizados, quienes han acumulado enormes pasivos laborales que tienen contablemente quebradas a esas empresas.

En cuanto a los programas llamados sociales para los pobres, ninguno de ellos los ha sacado ni los sacará de pobres; cumplen una función política electoral más que económica.

Hay denuncias que muestran que asociaciones civiles ligadas al partido en el poder son las que deciden quiénes se inscriben en esos programas.[6] La mayoría de esos programas sociales —3,127 (Coneval)— no rinden cuentas claras y son cajas negras del gobierno federal y de los estatales.

Urge transparentar y hacer más eficientes los gastos calificados como subsidios, alimentados principalmente por aumentos de impuestos, que a través del fenómeno llamado traslación fiscal empobrece a los pobres, aunque estén etiquetados como subsidios para ellos.

El número de pobres inscritos en los llamados programas sociales con el pasar de los años no disminuye sino aumenta, lo que quiere decir que no funcionan o se aplican con un criterio político-electoral, donde el número de afiliados no depende de los pobres, sino de los encargados del programa que busca votos para su partido.

Hay dos caminos para estructural y permanentemente disminuir la pobreza:

1.- **Promover** la inversión privada sustentable, que no dependa de subsidios temporales, en las zonas de mayor marginalidad para que ofrezcan más empleos.

2.- **Mejorar** la educación, que aumente el nivel de conocimientos en los jóvenes de esas zonas.

El programa Cruzada Nacional contra el Hambre iniciado este sexenio, aunque ineficiente como ya lo comentamos, puede ayudar a que algunos coman mejor en tanto les dé el gobierno, pero no combate estructuralmente la pobreza.

El viejo adagio chino: "No des pescado, sino enseña a pescar", que casi todos conocemos, lo pasan por alto quienes

---

[6] Ver nota: "El PRD denuncia a Robles por uso de programas sociales a favor del PRI". *Expansión y CNN México*, 29 de septiembre de 2014.

estructuran los programas para los que menos tienen. Pero como su finalidad no es disminuir el número de pobres, sino contar cada día con más pobres cautivos para las elecciones, no les interesa que disminuya la pobreza, a la que necesitan para obtener más votos.

La solución, junto con una mejor educación, es atraer mediante incentivos fiscales y flexibilidad laboral a empresas nacionales o extranjeras a los lugares donde predomina la pobreza y el desempleo, como teóricamente es la finalidad de las **ZEE.**

Más competencia no se logra con más reglamentación

Objetivo muy loable que el Poder Ejecutivo y el Legislativo busquen un ambiente de mayor competencia a través de la Comisión Federal de Competencia (Cofece). Pero ese camino, seleccionado por varios legisladores y funcionarios, tendrá efectos adversos en la economía de los consumidores si sobrerreglamentan con la excusa de fomentar la competencia.

Legisladores y funcionarios deben tener clara la diferencia entre monopolio natural y artificial. **El monopolio natural** es cuando una empresa logra un lugar preponderante en el mercado con mayor calidad, menores precios y la preferencia del público, sin que existan barreras y prohibiciones para que cualquier persona o empresa pueda ofrecer los mismos artículos y servicios de la empresa preponderante.

El monopolio artificial es el basado en leyes o reglamentos que impiden o dificultan la entrada de competidores al mismo sector de un monopolio artificialmente creado por prohibiciones directas o indirectas para que otros le hagan competencia. Ese tipo de monopolios son los que deben combatir la Comisión Federal de Competencia Económica, lo que implica suprimir privilegios, leyes, reglamentos y barreras que el mismo gobierno levanta.

El gobierno debe reducir esas barreras y dar facilidades generales a los que quieren entrar a producir en cualquier sector, sin dividir o limitar a las empresas grandes.

El siglo pasado dividieron el campo en pequeñas parcelas, les expropiaron sus tierras a los propietarios de las grandes extensiones. Fraccionaron los latifundios y crearon millones de minifundios improductivos y limitaron la superficie de la propiedad de la tierra a todos los agricultores y ganaderos, para terminar con los grandes terratenientes, latifundistas, que según los socialistas eran los causantes de la miseria.

Esa división de tierras que prohibió por ley crecer a los agricultores y ganaderos, les impidió modernizarse, tecnificarse, aumentar la productividad, e incentivaron a dejar en el abandono millones de hectáreas por no ser rentables.

Los minifundios no dan para vivir, pero sí para calificar en ayudas gubernamentales y utilizar a los minifundistas, ejidatarios y comuneros como acarreados en manifestaciones, principalmente del PRI, y negociar su voto a cambio de subsidios, la mayoría de los cuales se queda en los bolsillos de sus líderes.

La lucha contra los monopolios y el fomento de la competencia no debe ser excusa para crear más reglamentos, controles y limitaciones en el tamaño de las empresas exitosas, que se traduzcan en disminución de su inversión, creación de empleos y crecimiento.

Las políticas que llenan de trámites y permisos a un sector empresarial reducen el número de nuevos competidores pues aumentan los llamados **costos de transacción** para iniciar nuevas empresas.

En nombre de la competencia llenan de piedritas el camino para una mayor competencia mediante leyes, trámites y prohibiciones que en nada benefician a los consumidores.

Es preocupante que una empresa que quiere vender restaurantes a otra tenga que esperar meses por un permiso de la Comisión Federal de Competencia Económica para realizar esa negociación, lo que implica aumento de costos de transacción que reducen la competitividad de las empresas y de la economía mexicana.

En la venta de tiendas de Comercial Mexicana al grupo Soriana, después de meses de "análisis", la Cofece "les hizo el favor" de autorizar una venta condicionada. Sin ningún argumento lógico ni de peso.

Condicionó la venta de 157 tiendas a Soriana a que después de comprar el paquete de tiendas vendiera 26. Para concluir la operación y no esperar meses, la parte vendedora, Comercial Mexicana, optó por quedarse con 14 tiendas, y los compradores —Soriana— en poner a la venta 12 después de la compra para obtener la autorización definitiva.

Parece que esa medida la tomaron solo para justificar su existencia como organismo regulador y dar la apariencia de que así combaten prácticas monopólicas. Las que no persiguen donde si las hay, como en la Terminal 1 del aeropuerto de la Ciudad de México, donde la empresa que controla a los maleteros impide a los viajeros utilizar carritos para transportar las maletas a sus vehículos.

Es la primera molestia y ausencia de competencia que ven los turistas de otros países al llegar a México. Esos monopolios parecen no ser de la competencia de la Cofece ni interesarles su combate, pues les pueden causar más problemas que las grandes empresas, que prefieren pagar, aceptar absurdos y no pelear por los atropellos sin razón de la alta burocracia.

Competencia: desregular, no controlar

El actual gobierno dio un gran paso adelante al terminar con el monopolio del petróleo y la electricidad, lo que fomentará la competencia y reducirá en el futuro la escasez de gas y de asfalto, que retrasa la construcción de carreteras, al igual que la lenta conexión de energía al sector industrial, que posterga el echar a andar nuevas plantas y las ampliaciones de las existentes.

Pero si mantienen un exceso de reglamentaciones, condiciones y limitaciones a la inversión privada en esas áreas, se mediatizará la apertura y se retardará la inversión.

Es importante que el gobierno combata los monopolios de empresas estatales, privadas y de mano de obra de sindicatos, pero es peligroso que en aras de combatirlos y con base en la nueva legislación que fundamenta la actuación de la Comisión Federal de Competencia Económica, tenga el poder para decidir arbitrariamente qué empresas ya no deben crecer más al ser calificadas como "preponderantes", con base en decisiones de un grupo de ilustres comisionados.

La competencia se fomenta con la supresión de las barreras de entrada legales y bajando los costos de transacción para los nuevos competidores.

Que existan tantas cadenas de televisión o de telefonía como sea técnicamente posible, pero que el gobierno no tenga el derecho de fijarles precios, y que no sean los burócratas quienes decidan, con la excusa de promover la competencia, la forma en que deben contratar, a quién darle gratis sus servicios y qué deben anunciar en cada horario.

Es positivo que los consumidores tengan más opciones de canales, que ya pueden ver más de 200 por medio de la TV de paga, y que exista la posibilidad de elegir entre varias empresas para recibir los servicios telefónicos.

Va contra la certidumbre jurídica, el Estado de derecho y el aumento de la inversión, que las empresas que la Cofece considera grandes, sean restauranteras, cadenas de tiendas, telefónicas o de cualquier giro, tengan que pedir permiso al gobierno para comprar otras empresas de su mismo sector.

La sobrerregulación de los medios de comunicación electrónicos los tiene en la constante incertidumbre de en cualquier momento ser declarados preponderantes, y deben consultar o pedirle permiso al gobierno hasta para ir al baño, lo que indirectamente constituye un riesgo crónico para la libertad de expresión, pues si dicen algo que no les gusta a los gobernantes, hay forma de perjudicarlos con las nuevas leyes teóricamente para promover la competencia.

Concesión y libertad de expresión

Una de las características fundamentales de la democracia es la libertad de expresión, para lo que es indispensable la propiedad privada de los medios de comunicación escritos y electrónicos. Las dictaduras se caracterizan, entre otras cosas, por la propiedad y control gubernamental de la prensa escrita y electrónica: periódicos, radio, TV y hasta redes sociales.

En México los medios electrónicos de comunicación funcionan con un sistema propio de los absolutismos europeos del tiempo de los Luises. El Estado no aparece como dueño abierto de los medios electrónicos de comunicación, que funcionan bajo el título de **concesión**, por lo cual no se puede hablar jurídicamente de la propiedad privada plena de la radio y la televisión.

En el siglo pasado, durante muchos años, mediante el monopolio del papel para los periódicos el gobierno limitó a los medios de comunicación escritos. Ese monopolio terminó, pero sigue controlando a los electrónicos mediante la concesión, que se presta a que con diversas excusas puedan sacar del aire o hasta retirar la concesión a los "dueños" o concesionarios de la radio y la televisión, medios masivos de comunicación y pilares de la libertad de expresión.

El concepto de concesión viene de los regímenes absolutistas, donde el rey se consideraba dueño de vidas, haciendas, de la tierra, los mares y hasta del aire. Dicho término también se usó hasta hace algunas décadas en el sistema bancario y en los transportes carreteros; ahora ya se usa el de autorización, lo que deja claro que los bancos y los transportes federales son propiedad privada.

En Estados Unidos el término concesión no se usa en los medios electrónicos de comunicación, sino el de autorización o licencia. En el caso de México, como una estrategia de control se sigue usando el concepto de concesión, que en estricto sentido significa que la propiedad del aire mediante el cual transmiten las radiodifusoras y televisoras es del gobierno, quien graciosamente se lo concesiona a los particulares.

Bajo ese concepto, el "Estado" se apodera gratuitamente de gran parte del tiempo de transmisión de la radio y la televisión.

Si escuchamos o vemos los anuncios en radio y televisión, gran parte son del gobierno, que no los paga y cuyos contenidos, en la mayoría de los casos, no orientan ni benefician a los ciudadanos consumidores, sino que les hacen propaganda gratuita a partidos políticos o a los supuestos logros y avances de poderes o dependencias. Por esa vía se da una estatización parcial, de hecho, de los medios de comunicación.

Si el Poder Ejecutivo, dirigido por el presidente Enrique Peña Nieto, y los legisladores de todos los partidos quieren avanzar hacia una completa libertad de expresión en los medios electrónicos de comunicación, deben empezar por cambiar el término de concesión por el de autorización o licencia.

Multas excesivas: reducen crecimiento y empleo

Ante la caída de sus ingresos, el gobierno federal convirtió el aumento de las multas en una fuente extra de recursos, sin importarle las consecuencias económicas y sociales. La discrecionalidad sobre la aplicación de multas infladas es fuente de inseguridad jurídica, extorsión, corrupción, reducción de inversiones, desempleo e informalidad.

Al respecto comenta el ministro de la Suprema Corte (en retiro) Carlos Sempé:

> En la ley Federal de Competencia Económica se establecen multas de hasta 10% de los ingresos brutos del

infractor (art. 127), así como multas de hasta 1'500,000 veces el salario mínimo (art. 128).

Ni siquiera se prevé en la ley expresamente el monto mínimo de la multa, lo que deja una gran discrecionalidad a la autoridad y conduce a arbitrariedades y hasta absurdos. La autoridad por una misma infracción puede imponer una multa de un peso o de miles de millones, como ya ha sucedido.

Esas multas son excesivas y desproporcionadas, y por tanto contrarias al artículo 22 de la Constitución. Las penas trascendentales y las multas excesivas se encuentran prohibidas por el artículo 22 de la Carta Magna. El principio constitucional de que la pena debe "ser proporcional al delito que sancione y al bien jurídico afectado", es aplicable a las sanciones administrativas de conformidad con lo dispuesto por la Suprema Corte de Justicia.

Las multas no deben ser de tal magnitud que se vuelvan confiscatorias, debe existir un criterio de proporcionalidad que resulta del equilibrio entre la infracción y la sanción.

El exministro Sempé señala que en gran parte el fracaso de la reforma laboral se debe al aumento excesivo de multas e inspecciones:

Con la reforma laboral de 2012 supuestamente se iban a crear millones de empleos, lo que no se logró, pero sí se aumentó en 16 veces el monto de la casi totalidad de las multas y se intensificaron las inspecciones para verificar que los empleados se encuentren afiliados a la seguridad social. [7]

---

[7] Citas tomadas de Carlos Sempé Minvielle, ministro de la SCJN (en retiro). *¿Más competencia o más burocracia?* México, Cisle, A.C, 2015, pp. 7, 8 y 10.

Sobrerreglamentación, permisos y corrupción

Hace poco una empresaria denunció que en un conjunto de departamentos que construye, a pesar de que todos los permisos estaban en orden, dependencias de las delegaciones y del Gobierno de la Ciudad de México le clausuraron la construcción tres veces.

El colmo fue cuando, con base en algunas leyes dizque "democráticas", solicitan la opinión de los vecinos para construir, y estos, de un alto nivel económico y que presumieron de tener importantes contactos en el gobierno, le pidieron cinco millones de dólares para no obstaculizarle más la construcción. La empresaria no cedió al chantaje y los denunció penalmente por extorsión.

NÚMERO DE LEYES CDMX

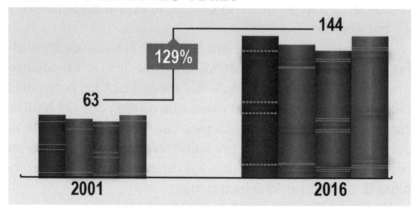

Fuente: Carlos Sempé Minvielle, ministro de la SCJN (retirado), *Técnica legislativa y desregulación*, México, Ed. Porrúa, 2009. Cifras actualizadas.

Esa situación se repite cotidianamente no solo en las grandes empresas, sino en las medianas y pequeñas, que son víctimas de amenazas de clausura o hasta de cárcel si no cumplen con complejos permisos que al final dependen de la buena voluntad o de que subrepticiamente y a través de terceros le den una "mordida" a las autoridades.

Además de ser inmorales e injustas esas situaciones, aumentan los costos a los inversionistas, que al final se reflejan en mayores precios a los consumidores.

Un industrial me comentó que funcionarios de la **Secretaría del Trabajo** llegaron a su fábrica, realizaron una revisión y le levantaron multas por más de un millón de pesos por violaciones, muchas de ellas absurdas, como el que una maquinaria, según ellos, no estaba limpia, pero las manchas que vieron eran consecuencia normal del proceso del trabajo.

"Las máquinas se limpian en las noches después de terminar su ciclo de trabajo", les dijo el encargado, pero los inspectores no atendieron la explicación: iban a multar, ese es su negocio; otra multa fue porque los extinguidores estaban unos centímetros más abajo de lo que establecía el reglamento, y así por el estilo.

Los inspectores, aunque era notorio lo ridículo de las multas, no cedieron y el industrial tuvo que iniciar un costoso proceso de defensa a través de sus abogados. A los pocos días recibió la visita de unas personas que dijeron que "se habían enterado de que tenía problemas con una inspección de la Secretaría del Trabajo". Se presentaron como especialistas en resolver ese tipo de problemas y le dijeron que por una determinada cantidad se lo solucionaban.

Un empresario me narró que habían llegado inspectores de la **Secretaría de Hacienda** a su empresa y le fincaron una alta multa porque según ellos habían importado hacía años, productos en una fracción arancelaria incorrecta, por lo que debían millones de pesos al fisco por concepto de multas e intereses por el arancel no pagado, que era más alto que el que pagaron.

Hablaron con el director del SAT en ese estado, quien se negó a revisar el expediente, tuvieron que ir a la Ciudad de México a hablar con otro funcionario para arreglar el asunto. Las quejas contra ese funcionario del SAT fueron tantas que lo cesaron y comprobaron que era un extorsionador.

Ante la denuncia de un vecino, como durante la inquisición, le abrieron un expediente a un ciudadano en la CDMX por uso del suelo diferente al aprobado. Sin mayores trámites colocaron sellos de clausura en el inmueble. Empieza un calvario para los dueños, la mayoría de los cuales no tiene los conocimientos para su defensa y tienen que contratar a un gestor o un abogado para que les lleve el asunto ante una de las múltiples dependencias que tienen el poder de multar o clausurar empresas, casas y construcciones.

Me dijo esa víctima que después de demostrar que no había fundamento en la acusación y quedar pendiente que retiraran los sellos en la puerta de la casa habitación, llegó una persona a su inmueble, de traje, que supuestamente venía a levantar los sellos y dijo que solo tenía que pagar una pequeña cantidad.

Al darle señas de su asunto —clausura por uso diferente del suelo—, la persona, por lógica elemental, pensó que venía de parte de la institución que le había puesto los sellos; le dio dinero y este le dijo que en dos horas venían a quitarlos; después se dio cuenta de que había sido víctima de un fraude, pues a esa persona no la conocían en la dependencia, pero sí tenía los datos del expediente y las fechas en que pasarían a quitar los sellos.

Una persona que mandó a un colaborador a que le sacara las placas de su auto, sucedió en un estado de la República, vio por internet los requisitos y le dio todo lo que solicitaban, pero siempre le pedían otro papel; lo llevaba y le exigían otro más. Quien le tramitaba las placas le dijo que en esa dependencia había "gestores" que en una hora le sacaban la placa con los papeles que llevaba por 1,000 pesos, de otra forma lo traerían dando vueltas con cualquier excusa.

Todas esas experiencias que se repiten por miles en los estados, los municipios y en las delegaciones, causan pérdidas de dinero, de miles de horas de trabajo y de productividad.

La Confederación Patronal de la República Mexicana (Coparmex) realizó una encuesta entre empresarios medianos y pequeños. La mayoría de los encuestados se quejó de que son víctimas de extorsiones, multas y clausuras que reducen la inversión, la cual, según las conclusiones basadas en esa encuesta, es 50% menor a la que podría ser si no hubiera tanta reglamentación, prohibiciones y permisos innecesarios.

La sobrerreglamentación, aumento de multas y permisos no es por ignorancia de quienes los ponen en práctica; las aplican conscientemente pues son una fuente de poder y de ingresos de quienes a su criterio las administran.

Hace tiempo a un amigo constructor le pregunté que si daba mordidas.

—No vengas con tus argumentos moralistas; sí, doy mordidas; si no las doy no puedo construir —me respondió molesto.

Hay muchos funcionarios corruptos que todos los días extorsionan a los constructores a sabiendas de que pararles su obra por un día, una semana, negarles o retrasarles un permiso, les cuesta cientos de miles de pesos.

—Si me paran la obra una semana pierdo 300,000 pesos; si les doy 30,000 pesos de mordida me ahorro el 90%. Se lo cargo a los inversionistas y listo —me comentó el constructor.

Las clausuras bajo cualquier pretexto reducen la inversión, empleos y son fuente de corrupción.

Foto del autor

Muchos activistas se rasgaron las vestiduras cuando **Wal-Mart**, empresa con el mayor número de empleados en México, cargó a su contabilidad las "comisiones" que sus gestores entregaban a funcionarios para que lo dejaran construir.

Las empresas no pueden quejarse de extorsión con las mismas autoridades que les piden dinero. Y más cuando esos funcionarios tienen el poder de multar o clausurar una empresa a discreción.

Parece que casi todas las dependencias federales, estatales y municipales utilizan las multas y clausuras para aumentar sus ingresos no para corregir anomalías que perjudiquen a la ciudadanía.

Las multas excesivas y las clausuras arbitrarias, supuestamente fundadas en reglamentos interpretados "a modo", son fuente de corrupción, pues debido a su alto monto, la pérdida de tiempo que representan y el alto costo de defenderse, sale más barato ceder al chantaje y arreglarse con los funcionarios corruptos para que dejen trabajar.

Para allegarse recursos legal e ilegalmente los funcionarios se convierten en uno de los principales obstáculos a la inversión, el empleo y el crecimiento. El presidente, los secretarios de Estado, el jefe de gobierno de la Ciudad de México y los voceros del sector oficial, dicen promover la inversión y la creación de empleos, pero no son capaces de derogar el exceso de reglamentos y prohibiciones que aumentan los llamados costos de transacción y se traducen en mayores precios, menos inversión, menos crecimiento y menos empleos.

Los encargados de echar a andar el proyecto de **las Zonas Económicas Especiales** para fomentar la inversión y el empleo en las regiones más atrasadas del país, entre otras estrategias y políticas para lograrlo trabajan en el diseño de la llamada "**ventanilla única**".

En esa ventanilla las empresas que van a invertir en las Zonas Económicas Especiales gestionarán todos los permisos y trámites necesarios que les piden las dependencias del gobierno federal, estatal y municipal. Al contabilizar el total de trámites que deben realizar llegaron a la increíble suma de 130,000.

Para terminar con las extorsiones no es suficiente cambiar a quienes se les comprueba que extorsionan a ciudadanos, comercios, constructores y empresas, sino desreglamentar: derogar toda ley, todo reglamento a nivel federal, estatal y municipal que no tenga una justificación plena. Aplicar en realidad la llamada **simplificación administrativa,** de la que se habla desde hace mucho tiempo pero poco se pone en práctica.

Es necesario reducir el grado de discrecionalidad en leyes y reglamentos, y que el otorgamiento de permisos no dependa de grupos de vecinos varios de los cuales los controlan par-

Trámites a realizar por empresas que quieren invertir legalmente en México

130,000*

Fuente: Gerardo Gutiérrez Candiani, titular de la Autoridad Federal para el Desarrollo de las Zonas Económicas Especiales.
* En todas las dependencias y en los tres niveles de gobierno.

tidos o funcionarios a través de las juntas de vecinos, muchos de cuyos directivos, con base en simpatías, amistades o intereses, obstaculizan o facilitan una construcción y disponen de millones que les da el gobierno del CDMX o las delegaciones para obras vecinales.

Un reportaje publicado en el periódico *Reforma*[8] titulado **"Compran en CDMX hasta voto vecinal",** documenta cómo las elecciones vecinales son decididas por acarreos de vecinos a las casillas de votación en taxis y microbuses, por líderes que en su mayoría no representan a los vecinos y lo que buscan es controlar el llamado "Presupuesto participativo" para obras vecinales que asciende a 850 millones de pesos.

El Estado de derecho implica reglas generales, no cónclaves de grupos coludidos con partidos o funcionarios que generen el veredicto de culpabilidad o inocencia de los ciudadanos, la licitud o ilicitud de una actividad eco-

---

[8] *Reforma*, 2 de septiembre de 2016.

nómica o el destino de un presupuesto que proviene de los impuestos.

En ese entorno no hay Estado de derecho y prevalece la incertidumbre jurídica que desalienta la inversión, la creación de empleos y el crecimiento económico.

En el otorgamiento de permisos, si no existe un obstáculo claro y debidamente fundamentado, debe operar la **afirmativa ficta,** es decir, darse por otorgado el permiso.

Se debe considerar un acto de corrupción y proceder a la destitución o detención de todo funcionario que amenace con multas, clausuras o prohibiciones inexistentes o que no aplican. Esas conductas deben considerarse como componente de una presunta extorsión.

Indocumentados en su propio país

Son conocidas las penurias que sufren los indocumentados que emigran por la pobreza, guerras o escasez de oportunidades para encontrar un trabajo o abrir un negocio en sus países de origen.

La falta de documentos les impide obtener un empleo, tener una cuenta bancaria o ser propietarios de un terreno o una casa. Son unos parias perseguidos por el "delito" de no tener documentos. Pero esa situación no ocurre solo entre quienes llegan "ilegalmente" de otros países, sino con millones de ciudadanos en su país de origen.

En México, más de 60% de la Población Económicamente Activa tiene algún tipo de informalidad o ilegalidad en sus relaciones laborales, fiscales o por la falta de algún permiso para que funcione legalmente su taller, pequeño changarro o puesto de comida. Más de 90% de las empresas, que son micro y pequeñas empresas, están parcialmente indocumentadas, expuestas al constante chantaje y extorsión de funcionarios del gobierno, quienes les sacan dinero con la amenaza de clausura, denunciarlos por no pagar impuestos, todas las prestaciones de ley a sus empleados o no tener completos los documentos para operar.

Hasta finales del siglo pasado la mayoría de los campesinos carecía de los documentos necesarios para demostrar la propiedad de sus terrenos y pedir créditos para sembrar y capitalizarse.

La falta de documentos para comprobar la propiedad de sus casas, tierras y negocios —como demuestra Hernando de Soto en el libro *El misterio del capital*— es una de las principales causas del atraso en que se encuentran millones de iberoamericanos.

La carencia de documentos no solo condena a una situación de ilegalidad a muchos inmigrantes, también es motivo de la miseria de millones que viven en su país de origen sin una propiedad legalmente reconocida de sus tierras, casas y negocios, por lo caro y complicado que resulta cumplir con leyes que generan miles de reglamentos, permisos e impuestos que impiden a la mayoría de los habitantes de países como México vivir en la legalidad y los convierten en indocumentados en su propio país.

El ignorado costo-beneficio de las leyes

Un vendedor de dulces en la calle efectúa una pequeña operación aritmética para manejar su negocio. Si vende un dulce a 10 pesos y sus costos son de 6, sabe que ganó 4. Esa operación la realizan casi todas las unidades económicas exitosas en el sector privado, desde las más pequeñas hasta las más grandes. Aquella macro o micro empresa que realiza mal esos cálculos quiebra a corto o largo plazo.

Muchos de nuestros legisladores y gobernantes pasan por alto la ecuación elemental costo-beneficio, y más en sectores como el educativo y de ayuda a los pobres, donde pueden distorsionarse los beneficios.

Un gran número de las leyes que prohíben, establecen permisos o aumentan impuestos, implican más costos que los beneficios sociales concretos y medibles que originan.

La Auditoría Superior de la Federación en un reporte señaló que una parte importante del gasto educativo no se traduce en una mejor educación, lo que quiere decir que en ese sector se ignora el elemental binomio costo-beneficio.

En mi paso por el poder legislativo y ejecutivo me quedó claro que muchos legisladores y funcionarios desprecian la ecuación costo-beneficio al aprobar una ley, un reglamento o al dificultar la producción mediante la petición de permisos que solo se traducen en burocracia y corrupción.

El exceso de trámites encarece y desalienta a millones de micro y pequeños empresarios a exportar. Un exportador de miel me comentó que le fue más fácil obtener en Alemania los permisos sanitarios para introducir y vender su miel en aquel país, que conseguir los permisos en México para que lo dejaran exportar la miel a Alemania.

Ojalá diputadores, senadores, asambleístas y reguladores del Ejecutivo, en lugar de seguir inventando leyes y reglamentos, analicen a la luz de la elemental ecuación costo-beneficio todas las leyes y reglamentos y deroguen los que tienen un mayor costo que beneficio social.

Impunidad y corrupción

Un estudio de la Universidad de las Américas, con sede en Puebla, concluye que México es el segundo país con mayor impunidad en el mundo: la mayoría de los delitos no tienen castigo. De nada sirve aumentar penas si existen altos niveles de impunidad, que son la mejor invitación para delinquir.

ÍNDICE GLOBAL DE IMPUNIDAD
(2016)

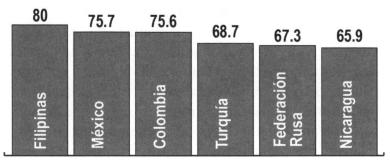

80	75.7	75.6	68.7	67.3	65.9
Filipinas	México	Colombia	Turquía	Federación Rusa	Nicaragua

En una escala en que la máxima impunidad es 100

Fuente: Índice Global de Impunidad México IGI-MEX 2015. Universidad de la Américas, Puebla.

La impunidad es regla entre funcionarios públicos de alto nivel, como los gobernadores, donde los actos de corrupción y desvíos de recursos quedan impunes, y más cuando se trata de gobernadores del partido en el poder.

La frase "no hay pruebas" se vuelve la mejor defensa de los altos funcionarios corruptos, y no las hay porque no las buscan jueces del poder judicial, ni procuradurías del ejecutivo, ni legisladores federales, argumentado que no tienen competencia.

Es vergonzoso para los mexicanos que los actos de corrupción en varios gobiernos estatales sean investigados y ventilados en el extranjero, mientras las autoridades mexicanas guardan silencio, que manifiesta complicidad.

En EUA hay expedientes abiertos contra exgobernadores o sus principales colaboradores, de varios estados, entre ellos Coahuila, Tamaulipas y Veracruz. Pero esas acusaciones son desestimadas por las autoridades mexicanas.

Se documentaron propiedades en EUA de un extesorero del gobierno de Veracruz por casi 7 millones de dólares, pero no pasó esa presunta desviación de recursos del fisco de ser una noticia, hasta que perdieron las elecciones.

Se remataron propiedades a nombre del extesorero de un exgobernador de Coahuila por 37 millones de dólares en Texas, presuntamente desviados de las arcas del gobierno de Coahuila, pero como el actual gobernador es hermano del anterior, presunto beneficiario de los bienes que compró su tesorero y prestanombres, no iniciaron una investigación de ese hecho, pues implicaría una pesquisa que involucraría al hermano del gobernador en una desviación millonaria de recursos del fisco.

Prefirieron que las autoridades de Texas remataran los inmuebles comprados con dinero de los impuestos y no los recuperara el gobierno de Coahuila.

En México hay documentos que prueban que la anterior administración del estado de Coahuila falsificó documentos para endeudarse indebidamente por miles de millones, pero como el ex "góber" fue presidente del partido en el poder, no se le investiga, y con recursos de los impuestos lo premiaron vía SNTE con una beca para que "dizque" estudiara en España.

Además, como ya comentamos, le dieron una pensión cercana a los 40,000 pesos como profesor, aunque solo dio un año de clases. En España lo detuvieron por presunto involucramiento en lavado de dinero. Pero el gobierno de México, según el diario *El País*:[9] "volcó su Embajada en España en apoyo del expresidente del PRI", le envío los mejores abogados para sacarlo de la cárcel, en lugar de investigar y proporcionar pruebas de sus ilícitos.

La ASF en diversas auditorias ha detectado irregularidades, desvíos y opacidad en el destino de miles de millones en los gastos y deudas de varios gobernadores, pero como les mandaban los resultados a las autoridades o legisladores estatales del mismo equipo del gobernador responsable, entierran esas auditorías; lo mismo ha pasado con la mayoría de las acusaciones enviadas a la Procuraduría General de la República.

El resultado: impunidad casi total por parte del gobierno federal a gobernadores de su mismo partido, y todo el peso de la ley a los de otros.

---

[9] Ver nota: "Misión: salvar en Madrid a Humberto Moreira", *El País*, 22 de febrero de 2016.

El impune saqueo en los estados

En los gobiernos del PRI del siglo pasado el presidente era el rey y los gobernadores virreyes nombrados por el rey. La Constitución, a imitación de la de Estados Unidos, convirtió a las provincias mexicanas en "Estados libres y soberanos".

A partir de que el PRI pierde la Presidencia en 2000, los gobernadores priistas utilizan lo de "libres y soberanos" para gobernar y gastar sin rendir cuentas claras.

Cuando fungí como presidente de la Comisión de Presupuesto y Cuenta Pública en la LVIII Legislatura, 2000-2003, redacté una carta a los gobernadores donde les pedí que rindieran cuentas al Congreso Federal de las participaciones federales, que en los estados representan la mayor parte de sus ingresos, pues no sabíamos en qué ni cómo los gastaban.

Los asesores me dijeron que perdía el tiempo, pues el Congreso de la Unión no tenía competencia para pedir cuentas a los gobernadores. De todas maneras se las envíe. De los 32 gobernadores solo uno se tomó la molestia de contestarme.

A partir del año 2000 aumentaron los recursos a los estados, en parte usados para fortalecer al partido del gobernador en turno, engrosar su patrimonio personal y el de los altos funcionarios estatales, pues a ninguna autoridad superior o independiente, ni al IFAI ni a la ASF, rendían cuentas.

Los gobernadores controlan los congresos locales y los poderes judiciales estatales, lo que les permite manejar sin ningún freno los recursos fiscales.

En estados como Oaxaca, Chiapas, Yucatán, Veracruz, Tamaulipas, Coahuila, por poner algunos ejemplos, la Auditoría Superior de la Federación (ASF) y la SHCP detectaron desvíos y falsificación de documentos para crear o desaparecer deudas, entre otras irregularidades, pero no tenían competencia para consignar ni castigar a los funcionarios estatales responsables.

IRREGULARIDADES EN TRANSFERENCIA DE RECURSOS DE LA FEDERACIÓN A LOS ESTADOS
(2014) Miles de millones

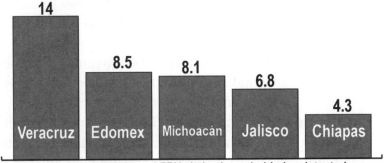

Estas entidades concentran el 55% de las irregularidades detectadas

Fuente: Informe General de Cuenta Pública 2014, Auditoría Superior de la Federación.

La ASF entregaba los resultados de sus auditorías a funcionarios estatales del mismo grupo que cometieron los desvíos. Los gobernadores que entran, del mismo partido del que sale, solapan y ocultan los robos de recursos millonarios de sus antecesores.

El saqueo y el descaro en el desvío de recursos en varios estados llegan a tal grado que simulan reintegros de recursos a la federación por medio de depósitos y después vuelven a sacar el dinero.

La Auditoría Superior de la Federación denunció penalmente a las autoridades de 14 estados por simular reintegrar a la federación los montos faltantes observados en las auditorías. Detectaron que depositaban en una cuenta el dinero que la ASF les indicó que faltaba.

Notificaban a la ASF que ya habían reintegrado el faltante y después volvían a sacar el dinero y no depositaban nada en las arcas de la federación. No se sabe adónde fueron a parar esos fondos.

En los períodos auditados, de 2011 a 2013, en 14 estados, esos **macrofraudes** superan los 8,000 millones de pesos. Al gobierno del estado de Veracruz se le detectó ese tipo de engaño, que configura varios delitos, por la cantidad de 4,770 millones de pesos.[10]

En mayo de 2015 se modificaron 14 artículos constitucionales para institucionalizar en todos los niveles de gobierno el combate a la corrupción.

En 2016 se aprobó el **Sistema Nacional Anticorrupción** que, aunque contiene avances, como dar una clara competencia a la Auditoría Superior de la Federación para auditar con mayor rigor las participaciones federales a los estados, corre el peligro de convertirse en un innecesario y burocrático elefante blanco, si en su nombre se crean costosos comités de coordinación y más burocracia.

La solución es fusionar a la Secretaría de la Función Pública con la Auditoría Superior de la Federación, órgano que debe ser la cabeza del combate a la corrupción, sin necesidad de aumentar burocracia o inventar más organismos.

Se debe dar competencia a la ASF para consignar directamente a los jueces las irregularidades y desviaciones en el gasto que tipifiquen delitos, sin pasar por las procuradurías o fiscalías, que hasta la fecha en esas dependencias casi todos

---

[10] Ver nota: "Simulan estados regresar 8 mmdp", *Reforma*, 5 de septiembre de 2016.

los expedientes se archivan, quedando impunes la mayoría de las acusaciones de corrupción de funcionarios y contratistas del sector público.

De 656 actos de corrupción denunciados penalmente por la Auditoría Superior de la Federación, de 1998 a 2015, solo 19, menos de 3%, han sido consignados. El porcentaje de impunidad es de 97%. **La mayoría de las denuncias están atascadas en la Procuraduría General de la República.**

IMPUNIDAD EN DENUNCIAS PENALES DE FUNCIONARIOS PÚBLICOS (1998-2015)

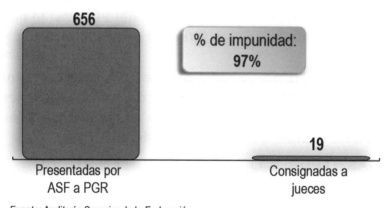

Fuente: Auditoría Superior de la Federación.

Una de las causas del fracaso de la lucha contra la corrupción es que casi todas las instancias que la combaten violan el principio jurídico de que **no se puede ser juez y parte. Un funcionario subordinado del presidente no debe investigar al presidente, ni uno nombrado por un gobernador, investigar al gobernador.**

En los estados los desvíos de los recursos públicos, hasta la fecha, en su mayoría los investigan procuradores o fiscales escogidos por el gobernador del estado o un congreso cuya mayoría está controlada por el gobernador.

Los saqueos en varios estados, documentados por la ASF, han quedado impunes. Varios gobernadores presumían en privado de que el gobierno federal no les podía hacer nada por desviación de recursos porque parte del dinero que "tomaron" del fisco estatal y el recolectado entre proveedores y hasta de la delincuencia organizada, lo entregaron en efectivo para campañas estatales y federales de candidatos del PRI.

La corrupción no solo es un problema de ausencia de ética y de valores sino económico: causa pobreza y reduce el crecimiento. Según cálculos del Banco Mundial la corrupción en México equivale a 9% del PIB, casi lo que representan los gastos en infraestructura, educación y salud.

En el hipotético escenario de que no hubiera corrupción en México, contaríamos con recursos suficientes para casi duplicar las inversiones en infraestructura, educación y salud, que suman 10% del PIB.

GASTO PÚBLICO Y CORRUPCIÓN EN MÉXICO
Con relación al PIB

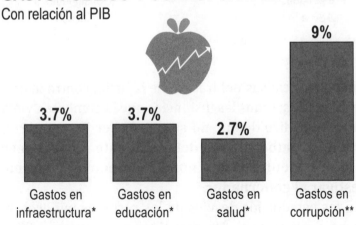

Fuente: *Cuenta Pública 2015, SHCP y **Banco Mundial.

Los costos del fascismo en México

Los sindicatos son organizaciones generalmente de trabajadores, aunque también pueden ser de profesionales o empresarios, cuyo objetivo es defender sus intereses, orientar y capacitar a sus miembros.

Los sindicatos o grupos intermedios son parte de las democracias y sociedades libres; sin embargo, en muchos países degeneran en organizaciones que, con base en privilegios gubernamentales, monopolizan la entrada a laborar o conseguir un puesto en empresas y dependencias del gobierno. Extorsionan a los trabajadores a cambio de una plaza y los utilizan de acuerdo con partidos políticos para promover el voto.

El fascismo, cuya fuerza se basa en el control político de grupos intermedios para llegar y mantener el poder, fue el esquema que en Argentina utilizaron **los peronistas** para gobernar durante casi todo el siglo XX y hasta 2015. Ese sistema ha sido la principal causa de la crónica crisis económica y social en ese país.

En 1928, Plutarco Elías Calles, admirador de Mussolini, funda el PNR, que posteriormente cambia de nombre a PRI. Hasta los años 70 el PRI prácticamente no tenía ciudadanos afiliados, solo sindicatos, centrales campesinas y grupos organizados, quienes les aseguraban votos a cambio de privilegios, subsidios, diputaciones o altos puestos en el gobierno federal.

Durante mi paso como diputado federal (2000-2003) me percaté de que la mayoría de los diputados del PRI no representaban a ciudadanos en general, sino a diversos grupos organizados: sindicatos, centrales campesinas, de los cuales eran o habían sido sus líderes.

El sindicato de maestros, de Pemex, de burócratas, del Seguro Social, de la Comisión Federal de Electricidad, de ferrocarrileros, la Central Nacional Campesina (CNC) y la CTM, entre otros, han intercambiado prebendas, como el monopolio de decidir quién entra a trabajar en dependencias y empresas estatales y recibir altas pensiones, a cambio de subordinación y apoyo político.

Los crecientes costos generados por los privilegios otorgados a los sindicatos y su progresivo poder hicieron insostenibles los gastos y pensiones de esos grupos. Algunos se convirtieron en Frankensteins: sus creadores ya no los pudieron controlar.

El encarcelamiento de algunos líderes, como la Quina o Elba Esther Gordillo, no fue solo por corrupción, sino por enfrentar a sus creadores.

El sindicalismo fascista, todavía vivo en varias empresas estatales y sectores gubernamentales, es una de las causas de corrupción, ineficiencia, pensiones excesivas y pasivos laborales impagables que cada día absorben un mayor porcentaje del gasto público y hacen necesario que los ciudadanos productivos paguen más impuestos para mantenerlos.

Slim, más pobre que algunos ex "góbers" y políticos

La pobreza se mide por la cantidad de bienes que usa y disfruta una persona. La característica de quienes viven en la pobreza es la carencia de servicios básicos: agua, luz, habitación confortable, ropa y transporte eficiente.

La desigualdad social debe ser medida básicamente, como lo recomienda el Premio Nobel de Economía 2015, Angus Deaton, por la diferencia de bienes de consumo entre los pobres y los ricos, más que por cuentas bancarias, acciones o activos.

Con base en esa correcta diferencia entre pobres y ricos, el ingeniero Carlos Slim es menos rico que muchos políticos, exgobernadores y líderes sindicales. Carlos Slim usa relojes relativamente baratos, mientras que hay exgobernadores y políticos que lucen relojes de miles de dólares.

Carlos Slim, al igual que la mayoría de los empresarios productivos, que les costó trabajo hacer sus fortunas, cuando comen en un restaurante generalmente no descorchan vinos de 40,000 pesos o más, como lo hacen con frecuencia ex o gobernadores y líderes sindicales en restaurantes.

Los automóviles que usa Slim son más modestos que los que traen algunos gobernadores, exgobernadores y políticos. Su oficina, según datos de un biógrafo que la describe, es más pequeña que la de la mayoría de gobernadores.

La casa donde vive Carlos Slim es más austera que muchos de los departamentos y palacetes que tienen exgobernadores y políticos en México y en el extranjero.

Lo único en que aventaja Carlos Slim y muchos empresarios productivos a varios exgobernadores y políticos presuntuosos es en el pago de impuestos, que en parte no se utilizan para ayudar a los pobres, sino para mantener los lujos y dispendios de los políticos ricos, líderes sindicales y funcionarios corruptos.

La brecha entre el consumo del considerado uno de los empresarios más ricos del mundo y los pobres es menor que la de muchos ricos parásitos, como los llamo en el libro *Los ricos del gobierno*, quienes no han generado su riqueza mediante

PASIÓN POR EL TIEMPO

César Camacho, líder del PRI, tiene una colección de relojes. "Me ha cautivado siempre el fenómeno del tiempo. El ingenio humano hace cosas tan complejas en piezas tan pequeñas", expresa en entrevista.

Jaeger-LeCoultre Duomètre à Quantième Lunaire 40.5
$646,000

Patek Philippe 5960/1A-001
$797,300

Ulysse Nardin GMT + / - Perpetual
$725,250

Bulgari Octo en oro rosa
$299,000

Patek Phillippe
$101,950

Fuente: Agencia *Reforma*, 01/05/2015.

la oferta de bienes y servicios en el mercado, sino a través de desviaciones del dinero de los impuestos, que provienen de millones de causantes que los pagan al ganar su empresa, recibir un salario u honorario (ISR) o comprar un bien o servicio (IVA).

Si queremos menos pobres no les aumentemos impuestos a empresarios productivos, sino reduzcamos los gastos y la impunidad de altos funcionarios y políticos que viven con más lujos que un empresario mexicano considerado uno de los hombres más ricos del mundo.

Hacen falta políticos en México de la talla del emperador-filósofo estoico, **Marco Aurelio**, quien gobernó con **austeridad, humildad y sabiduría**, el imperio más grande y poderoso en la historia de la humanidad.

Dice el historiador Ernesto Renán en el libro *Marco Aurelio y el fin del mundo antiguo* sobre el austero emperador:

Busto de Marco Aurelio (Museo del Prado, Madrid). Emperador del imperio romano de 161 a 180.

Este príncipe virtuoso que no hizo jamás la menor concesión a la falsa popularidad fue adorado por el pueblo [...] Era demócrata en el mejor sentido de la palabra. La vieja aristocracia romana le inspiraba antipatía [...] Él solo atendía al mérito, sin tener para nada en cuenta el nacimiento, ni siquiera la educación y las maneras. Como no encontraba en los patricios sujetos apropiados para secundar sus ideas de una gobernación sabia, apeló a las funciones de algunos hombres que no poseían otra nobleza que la honestidad.[11]

Hay quienes piensan que los salarios se pueden mejorar por decreto, idea vigente por varios siglos en el pensamiento económico utópico, entre ciudadanos de buena fe, políticos que ignoran el funcionamiento de los mecanismos económicos, populistas y demagogos.

Si los salarios reales subieran por ley, no habría pobres en el mundo

Los salarios mínimos por ley es un mito. Oponerse a ese espejismo no es estar a favor de salarios bajos, sino denunciar la manipulación de la pobreza y de los bajos ingresos de millones de personas con fines políticos, electorales o populistas.

La mayoría de las empresas formales pagan salarios mayores al mínimo, pero diferentes, cada una según sus ingresos, la productividad promedio o individual de sus traba-

---

[11] Ernesto Renán. *Marco Aurelio y el fin del mundo antiguo.* México, Editorial Porrúa, 1990, p. 14.

jadores y las condiciones del mercado de trabajo en donde están asentadas.

Aumentar salarios a todos los empleados por ley en la misma proporción, ignorando la situación económica de cada empresa, lejos de ayudar a los asalariados los perjudica. No todos los patrones aumentan sus ingresos al mismo nivel que la inflación o que los porcentajes del aumento del mínimo, y más en períodos de bajo crecimiento y débil demanda interna.

Los efectos reales de los salarios mínimos son contrarios a los que sus defensores quisieran que fueran. Si el salario mínimo obligatorio es más alto al del mercado laboral del empleador, origina desempleo, informalidad, marginación de los jóvenes y de los trabajadores no calificados. Les dificulta aprender un oficio y especialidad en las empresas. Además, genera chantaje por parte de los inspectores a quienes no tienen la capacidad de pagarlo.

Las grandes empresas, generadoras de 26% de los empleos en México, pagan a sus trabajadores por arriba de los salarios mínimos de ley, no porque sus dueños sean dadivosos y buenas gentes, sino debido a que cuentan con maquinaria y organización que aumenta la productividad del trabajador, lo que hace posibles mayores sueldos.

La escasez relativa de trabajadores calificados para empresas tecnificadas también influye en mayores salarios a los trabajadores altamente calificados, que no son la mayoría.

En México la mayor parte de la fuerza laboral se encuentra en el sector informal: en Guerrero es de 79.2%, en Chiapas de 79.5% y en Oaxaca de 81.4%.[12] En la informalidad no aplican los salarios mínimos, pero sus aumentos, que incrementan los precios y el costo de convertirse en for-

---

[12] INEGI, segundo trimestre de 2016.

males, empobrecen a los trabajadores informales, que son la mayoría de los mexicanos.

Millones de informales son autoempleados, no tienen un patrón que les pague, son sus propios patrones, y no pueden autoaumentarse su ingreso ante los incrementos de precios que generan los aumentos del salario mínimo. El camino para beneficiar a millones de informales autoempleados y a los ilegales en su propio país, es facilitarles la entrada a la economía legal, que implica reducir los costos de crear empleos y de tener negocios formales.

Para estimular la entrada a la economía formal es necesario reducir impuestos, reglamentaciones, permisos y multas, que encarecen y desalientan la creación de empresas y empleos legales.

Aun en los países altamente industrializados como Estados Unidos, el salario mínimo no ha dado resultados positivos. Milton Friedman, Premio Nobel de Economía, demostró aritméticamente que después del establecimiento del salario mínimo en algunos estados de la Unión Americana, aumentó enormemente el número de desempleados (de 8% a 22%) entre los negros, latinos y menores de edad, a los que teóricamente buscaban beneficiar las leyes del salario mínimo.

Si la presión de cumplir con la ley fuera la única causa del aumento de los salarios, la mayoría de patrones pagaría como máximo salarios mínimos para cumplir con la ley. Pero debido a la productividad y la escasez relativa de trabajadores calificados, ganan más que el mínimo en algunas de las empresas chicas, en la mayoría de las medianas y en todas las grandes.

Del total de la Población Económicamente Activa en México, 86% gana más del mínimo. De los que cotizan en el IMSS y el ISSSTE, que son empleos formales, más de 96% gana más del salario mínimo.

95% de las empresas en México son micro, en las que su plantilla laboral no rebasa los diez trabajadores. No cuentan con máquinas sofisticadas, organización y un volumen de ventas que les permita otorgar salarios iguales a los de las grandes compañías. Y aunque un buen porcentaje de ellas paga más que el mínimo, la mayoría no da todas las prestaciones de ley, pues tendría que cerrar sus puertas o despedir a parte del personal. Su productividad es baja y gran parte de los trabajadores están poco capacitados.

Si a todas las microempresas y pequeños changarros se les obligara a cumplir con todas las actuales cargas laborales, fiscales, permisos y reglamentos, se cuadruplicarían los índices de desempleo en México.

Un salario mínimo por debajo de los que paga el mercado ayuda a mantener y promover la creación de empleos en micro y pequeñas empresas, que representan 97% de las existentes en México.

Cualquier aumento excesivo de los salarios mínimos con el pretexto de que no alcanzan o están rezagados, con base en comparaciones de incrementos de la inflación contra aumentos de salarios, como pasó en la década de los 80, atiza la inflación y aumenta el desempleo, ya que no solo suben los mínimos, todos los salarios se ajustan, entre ellos los de millones de burócratas cuyos aumentos salen de los impuestos, deuda pública sin sustento o emisiones de dinero.

Los salarios mínimos son referencia para el aumento de todos los demás salarios, rentas en algunos contratos y de varios tipos de créditos de casas-habitación. **La carrera precios-salarios en un entorno inflacionario siempre la pierden los salarios**, como lo demuestra lo sucedido en México en la década de los 80, cuando los aumentos salariales llevaron a que el gobierno —el más grande empleador de México—, tuviera que recurrir a un mayor endeudamiento, enormes déficits presupuestales y emisiones monetarias que atizaron la inflación y la devaluación, para enfrentar los aumentos de salarios a millones de burócratas y de empleados de las empresas estatales.

Lo que reduce el poder adquisitivo de los salarios no es su bajo aumento por ley sino la inflación, generada por la emisión de dinero o medios de pago por los gobiernos, entre cuyas causas se encuentra el pago de aumentos salariales por decreto y presiones sindicales a una burocracia en gran parte improductiva.

Salarios reales

Un indicador que nos permite saber si los trabajadores pueden adquirir más o menos bienes y servicios es el salario real, que refleja el poder de compra del salario. En las décadas de los 80 y 90, los salarios nominales crecieron en tal forma que parecía que beneficiaban a los trabajadores, pero los precios aumentaron más y generaron una disminución del salario real.

Debido a un alta inflación por aumento del gasto público deficitario, financiado con mayor circulante, hubo frecuentes incrementos salariales para compensar la subida de precios, hasta que las mismas centrales obreras se dieron cuenta de que solo atizaban la inflación; al final salió "más caro el caldo que las albóndigas".

Más ayuda un gobierno si mantiene en orden sus finanzas para evitar la inflación, que si aumenta los salarios por decreto, lo que constituye un engaño a los trabajadores.

En Argentina el desorden presupuestal y los gastos sin ingresos sanos bajaron el poder de compra de la mayoría de los argentinos. Por ejemplo, en 2014 el gobierno decretó un aumento de salarios de 31%, pero la inflación anualizada fue de 38.5%, según consultoras privadas y el Congreso. **No es solución indexar o ligar los salarios a la inflación.** Esa política perpetúa el aumento de precios, quiebra a las empresas que no pueden seguir el ritmo de la **indexación** y aumenta el desempleo. Tampoco la presión de los sindicatos es suficiente para subir salarios reales sustentables, es decir, que perduren y no impliquen el desempleo de otros.

Los salarios reales suben cuando aumenta la demanda de trabajadores, hay más empresas, productividad y baja inflación. Hay trabajadoras domésticas que sin pertenecer a ningún sindicato tienen un salario, comida y casa, que representan mayores ingresos que los de muchos trabajadores que pertenecen a poderosos gremios.

En las últimas dos décadas del siglo pasado los trabajadores perdieron poder adquisitivo en México.

En la década de los 80, debido en parte a los gastos sin ingresos, heredados de los gobiernos populistas de los 70, financiados con emisión monetaria y deudas, el salario real en México se redujo 49%; en los 90, 35%, mientras que en la primera década del siglo XXI se incrementó 2.4%. Ese pequeño aumento rompió la tendencia a la disminución de los salarios reales del siglo pasado, en gran parte gracias a las bajas inflaciones.

La solución de fondo para resolver el problema del desempleo y los bajos salarios es parecida a la adoptada por los chinos desde hace 35 años. De un desempleo masivo hasta finales de los 80, actualmente hay escasez relativa de mano de obra calificada en algunas regiones de China.

De salarios de hambre, menores a los pagados en los países Iberoamericanos, hoy millones de chinos tienen iguales o mayores salarios reales que los de muchos trabajadores mexicanos y de Latinoamérica. Surgió una clase media, inexistente cuando el gobierno era el único empresario y la economía se planificaba totalmente en las oficinas de la alta burocracia.

En la realidad económica china, los salarios fluctúan libremente de acuerdo con la oferta y la demanda, sin salarios mínimos, y los salarios reales aumentan con mayor velocidad que en México.

Es difícil que los salarios alcancen a la inflación, mejor detenerla mediante el equilibrio de las finanzas públicas y evitar emisiones de dinero y deudas excesivas. México no necesita aumentos de salarios por decreto sino más empleos, lo que implica menos impuestos y reglamentación.

El salario mínimo es un mito convertido en bandera electoral por quienes se aprovechan de la ignorancia de los mecanismos económicos de los votantes. Es irresponsable decir que un aumento del mínimo se ajusta

AUMENTO ESTRUCTURAL DE SALARIOS

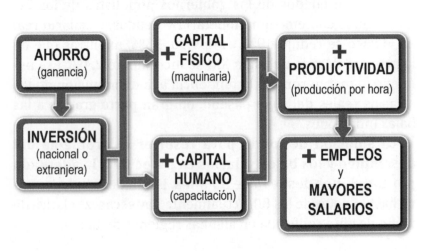

con más productividad; primero más productividad y en consecuencia mejores salarios.

Aumentar salarios a la burocracia es fácil, pues su pago viene de más impuestos o de emisión monetaria, no de más producción. El concepto de salario mínimo obligatorio debe cambiar **a salario de referencia voluntario** para impulsar la formalidad en los empleos.

Para subir los salarios reales es necesario aumentar la inversión en maquinaria y capacitación, únicas fuentes de mayor productividad. Un gobierno ayuda a elevar salarios reales con finanzas equilibradas que mantengan baja la inflación, la mayor enemiga de los salarios.

Para crear más empleos y mejores salarios hay que:

1. **Terminar** con el mito del salario mínimo. Si el Congreso o el ejecutivo no se atreven, lo seguirán utilizando como bandera política populista.

2. **Dejar** el incremento de salarios al mercado, conforme la productividad y capacidad de cada empresa.

3. **Reducir** costos para la creación de empresas formales.

4. **Bajar** impuestos y cargas laborales a empresas nacionales y extranjeras que creen empleos en zonas pobres.

5. **Disminuir** empleos improductivos en gobiernos, organismos y empresas estatales. Por cada empleo en el sector público se dejan de crear dos empleos en el sector productivo.

Los suizos rechazaron aumentos de salarios mínimos

Suiza tiene uno de los mayores niveles de vida del mundo. Las causas son el respeto a la propiedad privada, tener la legislación laboral más flexible del mundo y ser uno de los países con más libertades económicas.

Suiza no se libra de los políticos que en la búsqueda del poder les quieren venden espejitos a los ciudadanos ignorantes con políticas populistas que dicen combatir la pobreza y la desigualdad.

FLEXIBILIDAD LABORAL COMPETITIVA*

Eficiente	Ranking/país	
	1. Suiza	
	2. Singapur	* **Flexibilidad:** cooperación entre empresarios y trabajadores.
	3. Hong Kong	
	4. Estados Unidos	**Rigidez salarial:** elevados costos laborales, altos impuestos sobre el trabajo, débil capacidad para atraer y retener talento.
	51. Francia	
	105. México	
	130. Argentina	
Ineficiente	138. Venezuela	

Fuente: The Global Competitiveness Report 2016-2017, Foro Económico Mundial.

En mayo de 2016 los sindicatos, apoyados por partidos de izquierda, con la finalidad de ganar votos propusieron un referéndum para implementar un salario o renta mínimos para todos, con la teórica finalidad de reducir la desigualdad y aumentar los niveles salariales.

Cualquier estudiante de economía sensato que no busque solo justificar propuestas demagógicas de políticos que ansían el poder, sabe que los salarios mínimos son un espejismo que genera informalidad, desempleo y no aumenta los salarios reales.

Los suizos no se tragaron el cuento de los aumentos de salarios mínimos, y con una participación récord de 56% de los ciudadanos, 76% rechazó la instauración de un alto salario mínimo universal en Suiza.

Pusieron a votación la propuesta, apoyada por los Verdes y la izquierda, para implantar un ingreso o **renta mínima universal** a todos los habitantes de Suiza, trabajaran o no, para reducir la desigualdad. La mayoría de los suizos la rechazó por utópica y antieconómica.

El director del Centro Internacional de Estudios Monetarios y Bancarios de Ginebra comentó "Es un sueño viejo, un poco marxista. Son muchos buenos sentimientos, irrefutables, pero sin ninguna reflexión económica [...] si la relación entre la remuneración y el trabajo se acaba la gente hará menos".

En los países subdesarrollados la llamada nueva izquierda, propone esas políticas, financiadas con altos impuestos a los ricos, como recomienda el considerado el nuevo Marx, Thomas Piketty, para darles viabilidad.

En el libro *Desigualdad y distribución de la riqueza,* demuestro con cifras y evidencias empíricas en todo el mundo que trasladar rentas vía gobierno a los pobres incrementando impuestos a empresarios y empresas, no reduce la pobreza, la aumenta.

En México, ¿hay Estado de derecho?

No confundir Estado de derecho con Estado de leyes, que se da en cualquier dictadura o despotismo. El Estado de derecho implica un gobierno que proteja en la vida cotidiana, no solo en las leyes escritas, los derechos fundamentales de **todos:** vida, propiedad y libertad, y castigue a cualquiera que los violen.

La justicia, dar a cada quien lo suyo, solo es posible en un Estado de derecho, que implica autoridades que no solo den a cada quien lo suyo sino castiguen a cualquier persona, sea rico o pobre, funcionario poderoso o ciudadano anónimo, actúe solo o sean muchos, con la misma prontitud y firmeza.

Si no hay un castigo expedito a quien viole los derechos humanos fundamentales, vida, propiedad y libertad, caemos en un caos en que cada quien trata de hacerse justicia y deja de creer en las autoridades.

Cuando un gobierno protege los derechos de unos y permite su violación a otros por su posición social, ideología, raza, grupo político o credo, no hay Estado de derecho. Y cuando el gobierno es el primero en violarlos hay dictadura o despotismo.

En México tenemos una Constitución contradictoria; por un lado protege los derechos fundamentales de los ciudadanos, y por otro los limita y esquilma mediante un exceso de impuestos y reglamentaciones.

Contiene derechos, como al trabajo, vivienda y educación, que pueden interpretarse demagógicamente, como que el gobierno tiene la obligación de darlos, cuando esos derechos consisten en que el gobierno respete que yo trabaje, viva y me eduque dónde y cómo quiera.

Los derechos se respetan y reconocen, no los otorga, reparte y regala un gobierno. Para hablar de un Estado de derecho debe haber una autoridad que castigue a quienes lo violan. Si por incapacidad un gobierno no restituye los derechos violados, como es el caso de la propiedad o la libertad, no hay Estado de derecho. Tampoco hay Estado de derecho cuando se permite que un ciudadano o grupo busque restablecer sus derechos violados por propia mano.

En un Estado de derecho la autoridad o gobierno tiene el monopolio de ejercer la violencia para restablecer la paz y aplicar la justicia. Cuando permite que alguna persona o grupo, con la excusa de restablecer sus derechos violados ejerza violencia sobre los presuntos violadores, no hay Estado de derecho. Cuando un grupo actúa violentamente para vengar una injusticia, no podemos hablar de justicia ni de un Estado de derecho.

La inflación de derechos

Una corriente que ha tomado fuerza entre los legisladores es la de multiplicar "derechos" y plasmarlos en la Constitución. Esa corriente ha causado falsas expectativas entre la población.

Las llamadas garantías individuales, principal defensa contra excesos de los gobernantes, pero ignoradas por quienes han hecho un *modus vivendi* de una politizada defensa de los derechos humanos, no implican entregar dinero o bienes a la población, sino que les garanticen la libre expresión de sus opiniones, que no les serán expropiados arbitrariamente sus bienes o privados de su libertad sin juicio conforme a la ley, ni serán obligados a realizar trabajos contra su voluntad o dañados impunemente en su integridad personal.

En esas garantías van implícitos los derechos humanos básicos: vida, propiedad y libertad, también llamados derechos naturales, porque forman parte de la naturaleza humana. De esos derechos derivan las garantías individuales, que son suficientes para garantizar los derechos humanos, como lo muestra la Constitución de Estados Unidos en la Declaración de Derechos o *Bill of Rights*.

Sin embargo, en México por demagogia, populismo o protagonismo, muchos líderes, activistas sociales y legisladores, luchan porque se incorporen a la Constitución como derechos humanos todas las necesidades humanas, y como responsable de satisfacerlas el Estado: derecho a la alimentación, a la salud, a la vivienda digna, a la educación, al agua limpia, a salarios y pensiones dignas, entre otros compromisos.

CONSTITUCIONES
(número de palabras contenidas)

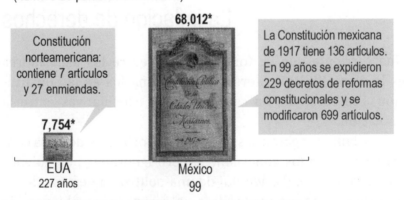

Constitución norteamericana: contiene 7 artículos y 27 enmiendas.

68,012*

La Constitución mexicana de 1917 tiene 136 artículos. En 99 años se expidieron 229 decretos de reformas constitucionales y se modificaron 699 artículos.

7,754*

EUA
227 años

México
99

Fuente: Portal de la Cámara de Diputados y de la Casa Blanca, EUA.
*Número de palabras: elaboración propia con base en el texto de cada Constitución

Así concebidos, la lista de derechos es interminable: a ropa limpia, a lentes, a transporte digno, a la diversión y a televisión de colores, solo falta que digan de cuántas pulgadas.

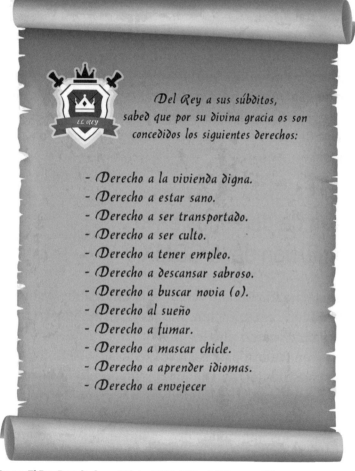

Del Rey a sus súbditos, sabed que por su divina gracia os son concedidos los siguientes derechos:

- *Derecho a la vivienda digna.*
- *Derecho a estar sano.*
- *Derecho a ser transportado.*
- *Derecho a ser culto.*
- *Derecho a tener empleo.*
- *Derecho a descansar sabroso.*
- *Derecho a buscar novia (o).*
- *Derecho al sueño*
- *Derecho a fumar.*
- *Derecho a mascar chicle.*
- *Derecho a aprender idiomas.*
- *Derecho a envejecer*

Luis Pazos, **El Rey Populachero**. México 2001, Editorial Diana, p. 17.

Ninguno de los defensores de esos mal entendidos derechos dice de dónde van a salir los recursos para que el gobierno los cubra: ¿impuestos, emisiones de dinero o de deuda?

Son necesarios legisladores sensatos que pongan fin a la **diarrea demagógica de derechos** que crea la expectativa de que el Estado tiene la obligación de darle todo a todos: casa, trabajo, educación, alimentos, medicinas y pensiones, entre otros satisfactores.

Bueno fuera que todos los mexicanos los tuvieran, pero es demagógico y falaz pensar que por plasmarlos en la Constitución todos los van a tener de un **Estado benefactor universal**. Ya es tiempo de poner alto a **la inflación de derechos,** que constituye compromisos legales que ningún gobierno del mundo puede enfrentar y mantener con finanzas sanas.

Diarrea de derechos en la Constitución de la CDMX

La mal llamada Constitución de la Ciudad de México no es una verdadera constitución. En la escala de importancia jurídica se ubica como una ley reglamentaria, por debajo de la Constitución federal y de las leyes federales. Aunque se le denomine constitución es una ley o reglamento municipal, que con el nuevo nombre de Ciudad de México convierte a su autoridad máxima en alcalde.

A 72% de los habitantes de la Ciudad de México no le importó ese remedo de Constitución y no acudieron a votar para designar a los seudoconstituyentes. Una parte de los pocos que votaron fueron acarreados por partidos políticos que les interesa controlar el engendro.

El proyecto de Constitución política, que no representa la voluntad de la mayoría de los habitantes de la Ciudad de México, entregada por el jefe de gobierno a los "constituyentes" el 15 de septiembre de 2016, incluye una serie de dádivas populistas presentadas como derechos que, además de que serán objeto de amparos y conflicto de leyes, generarán la necesidad de más impuestos y de sobreendeudar al gobierno de la Ciudad de México, convirtiéndolo en otra pesada carga para las finanzas públicas del país.

Muchos de los derechos que "otorgará" el gobierno de la Ciudad de México están plasmados en la Constitución federal, por lo tanto es inútil repetirlos, pero los presentan como si fueran una novedad, pues parten del supuesto de que gran parte de los mexicanos son ignorantes. Otros son consecuencia lógica de la libertad de trabajar o quedarse de ocioso, que es normal en donde se prohíbe la esclavitud, prohibición que ya está plasmada en el artículo primero de la Constitución mexicana.

La mayoría de las promesas del proyecto de Constitución son metas deseables, pero no se dice de dónde se obtendrán los recursos para que graciosamente el gobierno de la Ciudad de México las garantice a todos. La función de un gobierno democrático es reconocer los derechos que por naturaleza tenemos y crear las condiciones para que cada quien los obtenga con base en su trabajo, sin afectar a terceros.

Algunos de esos derechos, entendidos como una dádiva, que teóricamente beneficiaran a millones de residentes de la Ciudad de México, integran en realidad una plataforma o programa electoral para ganar votos en favor de los partidos y candidatos que se presenten como los creadores y partidarios de una ley repartidora de bienestar gratuito para todos.

En ese engendro legal se cumple lo dicho por el político y general de Tebas, Epaminondas (siglo IV a.C.), austero e incorruptible, que venció a los espartanos y convirtió Tebas en una potencia: **"La política es el arte de obtener fondos de los ricos y votos de los pobres".**

La extensa lista de dádivas y derechos en el proyecto de la seudoconstitución de la CDMX, la convertirá, de aprobarse, en un monumento al populismo. Entre esos derechos hay varios que ya podemos ejercer en la medida en que nos respeten la libertad de decidir, derivada de las garantías individuales ya plasmadas en la Constitución federal, pero que mañosamente en la redacción del proyecto se crea la expectativa de que el gobierno se obliga a satisfacer, aunque los costos de lograrlo sean inalcanzables.

Entre esos derechos, algunos aparentemente inocuos y otros sumamente costosos, están:

Derecho al ocio.

Derecho a disponer de su propio cuerpo.

Derecho a su nombre.

Derecho a la sexualidad plena en condiciones seguras.

Derecho universal a la educación gratuita.

Derecho a la cultura.

Derecho a una renta básica.

Derecho a una alimentación adecuada, nutritiva, diaria, suficiente y de calidad.

Derecho al más alto nivel de salud física y mental.

Derecho a una vivienda adecuada para sí y su familia, adaptada a sus necesidades.

Derecho de agua suficiente, salubre, segura.

Derecho a disponer de bienes y servicios de calidad.

Derecho humano al trabajo.

Derecho a una jornada máxima de 40 horas y a dos días de descanso.

Derecho a un medio ambiente sano.

Derecho a servicios públicos de calidad.

Derecho a la vía pública.

Derecho a la memoria.

Derecho a la reparación integral, si no satisface el gobierno adecuadamente los derechos prometidos.

Quienes en el interior del país crean en las ofertas de esa ley populista emigrarán a la Ciudad de México, donde supuestamente un gobierno "progresista" garantiza casa, un ingreso o renta, trabajo, alimentación, doctores, psicólogos, altos salarios mínimos y hasta sexo pleno y seguro.

Los ilusos y los vividores que buscan sacar tajada de esa feria de promesas, votarán por los candidatos populistas para presidente en 2018 que prometan otorgar esos "derechos" a todos los habitantes del país y convertir México, de un plumazo, en la nación más igualitaria, avanzada y feliz del mundo.

El mito de los derechos adquiridos

Los conceptos utilizados para justificar la invasión de terrenos y después considerar dueños a los invasores o para mantener vigentes privilegios laborales, son los de "derechos adquiridos" y el de "conquistas laborales".

Para cubrir los pasivos que generan los derechos adquiridos y las conquistas laborales se echa mano de impuestos que se transmiten a las dependencias que los otorgan sin ningún beneficio para la sociedad. Los beneficiados de prestaciones excesivas son grupos organizados en sindicatos que representan menos de 3% del total de la población trabajadora.

Esos conceptos míticos han causado el atraso del campo y la insolvencia de muchas dependencias y organismos estatales para enfrentar sus pasivos laborales, liquidaciones y pensiones.

No puede haber derechos adquiridos donde originalmente solo hubo fuerza y abuso. Si aceptamos que el solo pasar del tiempo nos lleva a adquirir derechos, entonces las extorsiones del crimen organizado a empresarios ya son derechos adquiridos.

Las negociaciones oscuras entre políticos y líderes sindicales o de invasores, que por años han intercambiado apoyo en elecciones a cambio de permitir que invadan predios o reciban privilegios de las empresas estatales, no originan ningún derecho.

Si no hay un derecho originario a usufructuar terrenos invadidos, que no son de mí propiedad, o a recibir de por vida pensiones, jubilaciones y prestaciones abusivas, no hay derecho a que continúen esos abusos que les cuestan a todos los mexicanos.

La justicia es darle a cada quien lo suyo. No son morales, éticos ni justos los inviables y abusivos "derechos adquiridos" y "conquistas laborales", engendrados por mafias sindicales y funcionarios corruptos.

Los resultados de mantener vigente los originalmente viciados derechos adquiridos y las conquistas laborales son la principal causa de la quiebra contable de Pemex, CFE, IMSS y el sistema estatal educativo.

Una de las principales fuentes de la quiebra de Argentina ha sido un corporativismo fascista, como el mexicano, que creó falsos derechos adquiridos y perpetuó insostenibles conquistas laborales que frenaron el progreso en ese país, que por sus recursos naturales y humanos debería ser de los más ricos del mundo.

Ojalá en México no lleguemos, debido a esos mitos que encubren corrupción, abusos, componendas entre partidos y mafias sindicales, a los mismos niveles de desequilibrios económicos sufridos por los argentinos.

El espantajo de la privatización

Muchos izquierdistas de buena fe rechazan todo lo que huela a privatización. Esa posición beneficia a quienes viven de los monopolios estatales y sindicales. Esos vivillos tratan de ocultar su interés por mantener los privilegios en los monopolios diciendo que todas las reformas estructurales son privatizadoras.

Quienes venden plazas y reciben sueldos de maestros sin dar clases difunden que la reforma educativa significa privatizar la educación, por el hecho que obliga a los maestros a presentar un examen y a condicionar sus plazas a que demuestren su capacidad para enseñar.

En el caso de la reforma energética, los líderes y contratistas privados corruptos que saquearon impunemente Pemex, apoyaron el mito de que la reforma energética buscaba privatizar Pemex.

En la reforma no se contempla vender Pemex (no hay quién la compre como está), sólo abrirla a la inversión privada, lo que implica una mayor transparencia y que los contratistas no reciban millones de dólares, saquen o no petróleo en las perforaciones, sino que reciban dinero de Pemex con relación al éxito obtenido.

Esos contratos se denominan "contratos de riesgo", antes prohibidos con la excusa de que reducían la soberanía, pero con la finalidad real de darle a ganar millones a contratistas, socios de funcionarios, aunque no sacaran nada de petróleo de los pozos que perforaran o vendieran sus productos y servicios diez veces por arriba del precio en el mercado.

Pemex es de las empresas petroleras del mundo con uno de los porcentajes más altos de pozos perforados improductivos, aun comparándola con otras empresas estatales o de participación mayoritaria estatal, donde también hay burocracia y corrupción.

El porcentaje de pozos perforados sin éxito en Pemex es el doble del promedio de las petroleras estatales de Brasil y Venezuela.

% DE POZOS IMPRODUCTIVOS EN RELACIÓN CON EL TOTAL DE POZOS PERFORADOS EN 2015

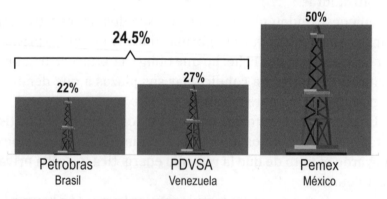

Fuente: Informes anuales 2015 de Petrobras, PDVSA y Pemex.

Hasta antes de entrar en vigor la Reforma energética y los "contratos de riesgo", a los contratistas se les pagaba sacaran o no petróleo. El alto porcentaje de perforación de pozos improductivos refleja corrupción.

Aunque con la reforma de 2008 se empezaron a dar incentivos al que sacara petróleo al perforar, el "negocio" estaba en darle millones a contratistas que no sacaban. Era responsabilidad de Pemex decirles a los contratistas dónde perforar, quienes cobraban hubiera o no petróleo.

En el pago de un alto porcentaje de pozos improductivos, que se perforaron "sin riesgo" para los contratistas, es donde presumimos que hubo más simulaciones, empresas fantasmas, sobreprecios y corrupción de miles de millones.

Hay quienes identifican como privatizadoras las reformas laborales que impliquen una mayor flexibilidad en la contratación y menos cargas en la liquidación. Esas reformas fomentarán, de realizarse debidamente, la creación de más empleos formales entre las millones de micro, pequeñas y medianas empresas, que representan 99% del total.

La palabra privatización se utiliza como el "coco" por los grupos que lucran con los monopolios estatales y sindicales.

Los líderes, funcionarios y contratistas privados corruptos, que urden negocios a la sombra de los monopolios estatales y privilegios laborales, saben que las reformas estructurales bien hechas reducirán su impunidad y las oportunidades para saquear los recursos públicos, por ello se oponen a su aprobación, las mediatizan y usan para frenarlas el espantajo de la privatización.

De la democracia a la demagogia

Aristóteles advirtió que la democracia puede terminar en demagogia, con resultados parecidos a los de una dictadura u oligarquía. Esa predicción aristotélica se cumple al analizar lo que sucede en diferentes grados en Grecia, México, España y

Venezuela, por poner algunos ejemplos. La degeneración de la democracia a demagogia es un peligro en todos los países democráticos.

Candidatos y gobernantes, con tal de llegar o mantener el poder, cada día prometen más. No reparan en las impagables consecuencias en las finanzas públicas y en la reducción de libertades empresariales al presentar al Estado como un creador directo de empleos, educación, salud, viviendas y pensiones para todos, con tal de conseguir votos.

Los procesos inflacionarios, como el de Alemania en la segunda década del siglo XX, y las grandes recesiones, como la de Estados Unidos en la tercera década del siglo pasado, son producto de manipulaciones en la cantidad de moneda en circulación o en las tasas de interés, para que los gobernantes, sin tener recursos reales, creen fugaces empleos y crecimiento.

Un gobierno democrático, limitado y subsidiario son algunas de sus características que hacen la diferencia con los gobiernos totalitarios, dictaduras, oligarquías y demagogias.

Un gobierno democrático crea las condiciones de paz, seguridad jurídica y justicia para que los ciudadanos generen innovaciones, empleos, salubridad, escuelas, viviendas y bienestar, pero cuando los gobernantes se presentan como garantes de empleos, altos salarios y pensiones para todos, llegamos a situaciones como las que atraviesa Grecia y viven cotidianamente, en mayor o menor grado, los países iberoamericanos.

Los gobiernos deben garantizar la paz, la justicia, la propiedad, la competencia y las libertades económicas, y no aprovechar la ignorancia de la mayoría sobre las po-

líticas económicas demagógicas para prometer todo, a costa de generar una crónica inestabilidad económica y la paulatina pérdida de las libertades de producir, comercializar y consumir, al concentrar en el Estado el poder económico y político con la excusa de crear y repartir riqueza.

Leyes populistas contraproducentes

El populismo consiste en prometer soluciones a un problema social que preocupa a las mayorías: pobreza, empleo, crimen, discriminación, contaminación o maltrato de animales, con el objetivo de ganar popularidad o votos sin importar que las leyes propuestas no solucionen el problema o lo empeoren.

Cualquier autoridad o legislador que se precie de responsable debe analizar todas las consecuencias de las leyes o prohibiciones propuestas, pues muchas de ellas tienen un impacto mediático positivo a corto plazo, que les permite ganar votos, pero a mediano y largo plazos sus efectos son contrarios a los fines predicados por sus promotores.

Si realizamos una encuesta sobre el maltrato a los animales, probablemente más de 95% de los entrevistados lo condenen; eso es suficiente para que los populistas y a quienes solo les interesa ganar votos armen una ley al vapor para evitar el maltrato animal, que es un objetivo loable.

Circularon unos videos donde muestran a cuidadores de animales en circos pegándoles. Ese documento fue suficiente para pasar una ley que prohíbe la aparición de los animales en los circos. Usando la misma lógica, si tomamos un video que circuló en redes sociales del dueño de un perro arrastrándolo en su carro hasta matarlo, ¿vamos a prohibir tener mascotas a todos?

Si presento un video de padres golpeando o torturando a sus hijos, ¿hay que prohibir tener hijos? Sería absurdo y estúpido proponerlo. Lo correcto es castigar el maltrato de niños y de animales.

En los circos el maltrato a los animales debe ir desde una multa, decomiso o hasta la clausura, pero no generalizar y menos sin analizar todas las consecuencias de la prohibición

¿Dónde quedaron los animales de los circos?

Hay reportes de que 80% han sido abandonados, regalados a zoológicos, han fallecido, vendidos al extranjero o a taxidermistas para disecarlos, porque sus dueños no tienen recursos para alimentarlos, ni están acostumbrados a vivir en "libertad", pues la mayoría no nació en la selva.

Según un reportaje del diario *Milenio*,[13] de 1,298 animales provenientes de los circos "no más de 300" están vivos (23%) y los que quedan están enfermos o deprimidos, declaró la médico veterinaria Teresa Moreno, que fue enlace entre los empresarios cirqueros y la Semarnat.

Casi todos los animales de circo empeoraron su situación, al igual que los circos con la prohibición; solo el Partido Verde ganó votos.

Todos queremos que disminuyan los secuestros, pero aumentar las penas por secuestro a 140 años o a 500 no es la solución, sino la disminución de la impunidad de que goza la mayoría de los que cometen ese delito. Pero vende más entre los ignorantes de las causas del incremento de los delitos aumentar las penas, que es más fácil, a reducir la impunidad.

---

[13] Diario *Milenio*, 27 de julio de 2016.

Si no queremos más leyes populistas equivocadas, conozcamos sus efectos y no apoyemos a quienes las proponen, sin importarles lo ineficiente o contraproducente a mediano plazo de esas leyes.

El populismo empobrece a venezolanos

El populista promete a los pobres, gratis o subsidiadas, viviendas, tierra, comida, ropa, electricidad, transporte, gasolina y todo lo que se le ocurra, con tal de ganar votos. También les dice que buscará la igualdad, quitándoles a los ricos para darles a ellos.

Esas promesas, convertidas en leyes y políticas económicas, sumieron a Venezuela en la peor crisis de su historia. Sufre una inflación, devaluación, escasez, corrupción y violencia, récord en el siglo XXI en todo el mundo.

El caos provocado por las medidas populistas de los gobiernos de Chávez y Maduro en nombre de la Revolución Bolivariana y del "socialismo del siglo XXI", se tradujeron en el empobrecimiento de la clase media y en un aumento de los pobres.

En Venezuela, como en Chile a principios de los años 70, en Cuba por décadas o en la URSS el siglo pasado, hay que hacer largas filas por horas para conseguir alimentos. Muchos viven de vender sus lugares en las colas. Escasean medicinas, lápices, cuadernos, y todas las materias primas indispensables en la industria.

En la vida cotidiana de los venezolanos de clase media y humilde —me comentaba una profesora que imparte clases a

nivel primaria en Caracas— su principal preocupación es conseguir alimentos y medicinas. En supermercados, mediante
la cédula de identidad se pueden comprar productos básicos
racionados dos veces a la semana, si los hay, después de largas
filas.

Fuente: revistavenezolana.com

El gobierno socialista populista venezolano pierde popularidad: cada día hay menos que repartir, ya que es difícil crear
riqueza donde la inseguridad jurídica, los controles de precios, las expropiaciones, la escasez de insumos de importación, de dólares, y la corrupción están presentes en toda actividad económica.

Populismo en salida del RU de la UE

Aunque hay políticas en la Unión Europea que van contra un mercado libre y eficiente: subsidios de países con orden presupuestal a los que tienen desorden fiscal, sobrerreglamentación, burocracia y políticas migratorias cuestionables, la "desunión" del Reino "Unido" con la Unión Europea es un retroceso económico para la mayoría de los ingleses.

Un funcionario de la *City*, que siguió el proceso de cerca, comentó en una entrevista que "La mayoría de los británicos no tenía idea de lo que estaba votando. Ahora todos los que tienen una casa, una pensión o que pensaban ir de vacaciones al extranjero son mucho más pobres".

Muchos ingleses buscaron en Google qué era la UE después de votar.

John Clarke, académico y asesor financiero señaló: "El país ha perdido más dinero en unas horas desde que anunció su salida de la UE que lo que se ahorraría al ya no pagar cuotas a la UE".

La calificadora Standard and Poor's advirtió que la salida de la UE podría costarle al Reino Unido la pérdida de la nota AAA, lo que reducirá los atractivos de Londres como centro financiero a nivel global. Economistas de Goldman Sachs vaticinan una recesión en el Reino Unido.

La salida de la Unión Europea fortaleció a las corrientes separatistas, no solo en Europa sino en el mismo Reino Unido. En Escocia e Irlanda del Norte los separatistas quieren un referéndum. Ante el evidente daño de la separación de la UE, los ingleses reunieron en unos días cerca de 4 millones de firmas para un segundo referéndum que reconsiderara la salida de la UE.

No prevalecieron razones entre quienes votaron por la separación sino los eslóganes patrioteros de políticos demagogos y populistas, que identificaron la salida de la Unión Europea con un camino para recuperar "libertad", "soberanía" e "independencia".

Desde el juicio de Cristo, donde "el pueblo" fue consultado, se prefirió que crucificaran a Jesús que a un ladrón. Los referéndums no son sinónimo de justicia ni de democracia, y muchos resultan en injusticias y retrocesos económicos para la mayoría.

El populismo y la demagogia son los peores enemigos de la democracia, no solo en los países subdesarrollados de Iberoamérica, también en Europa, donde populistas engañan a electores con promesas parecidas a las de Chávez y Maduro en Venezuela, que destruyeron la economía de ese país.

Iberoamérica, ganadores y perdedores

A mediados del siglo XX **Argentina** llegó a tener por algunos años un mayor nivel de vida que los EUA y que muchos países ahora desarrollados. Actualmente, a pesar de ser la nación con uno de los niveles de escolaridad más altos en Iberoamérica, es de los que tiene más problemas económicos. La causa la sintetizamos en una palabra "**peronismo**", sistema corporativista y fascista donde el gobierno controla las principales empresas, privilegia a los sindicatos, con finanzas públicas desequilibradas, endeudadas y sobrerreglamentación de la economía. Los partidarios y beneficiarios de ese sistema estuvieron en el poder en Argentina hasta 2015.

Otro país con enormes recursos naturales, **Venezuela**, está también entre los grandes perdedores; la causa de su retroceso en las últimas décadas se resume en la palabra "**chavismo**", que presume ser el socialismo del siglo XXI. Venezuela actualmente tiene los niveles más altos de inflación, devaluación y corrupción en el mundo.

Brasil, una gran potencia que se ha quedado en potencia, avanzó hace 20 años gracias al parcial rompimiento de sus gobernantes con el **estatismo**. La apertura energética fue el principal pivote del crecimiento brasileño, pero actualmente ya no es suficiente y más con las políticas estatistas populistas emanadas del Partido del Trabajo en los últimos 14 años.

México mejoró con la apertura de la economía hace aproximadamente 20 años. El Tratado de Libre Comercio con EUA, la desregulación, la privatización de cientos de empresas, la terminación del reparto de tierra y de una reforma agraria colectivista le dio aire a la economía mexicana; pero actualmente ya no son suficientes esos cambios; el retroceso económico, en seguridad y honestidad en los últimos cuatro años lo coloca entre los países perdedores.

Países como **Colombia y Perú** son actualmente de los que más crecen, pero no podemos decir que fueron ganadores el siglo pasado. El único país ganador, el más cercano a convertirse en desarrollado, que desde los años 80 del siglo pasado dejó atrás los monopolios estatales y el que más abrió su economía es **Chile**.

Si Chile no cambia de rumbo hacia un populismo en los próximos años con la presidenta Michelle Bachelet, será pronto el primer país con un avance económico suficiente para considerarlo desarrollado en Iberoamérica.

La OCDE pierde la brújula

La Organización para la Cooperación y el Desarrollo Económico (OCDE) la crearon los gobiernos de los países más desarrollados, a principios de los años 60, con el objetivo de coordinar políticas económicas para fomentar el crecimiento económico, el empleo y el comercio. Pero al analizar las principales recomendaciones, preocupaciones y declaraciones, de sus directivos, concluimos que perdieron la brújula y no cumplen con los objetivos para la que fue creada.

El secretario general de dicha organización, José Ángel Gurría, exsecretario de Hacienda de México, declaró que "el mundo está atascado en una trampa de bajo crecimiento", y señaló como responsables a "la inversión débil de las empresas", pero omitió decir que esa "inversión débil" se debe a que la mayoría de sus ganancias, que es de donde sale la inversión, se destina a pagar impuestos, que en poco o nada contribuyen al crecimiento al utilizarse en gastos improductivos y para cubrir intereses de deudas excesivas e irresponsables de los gobiernos.

La OCDE, más que una institución que promueve el crecimiento, parece un club de secretarios y exsecretarios de Hacienda que buscan más ingresos para los gobiernos "gastalones", y no las verdaderas vías para un mayor crecimiento, que implican menores gastos gubernamentales. La OCDE considera que la evasión fiscal es el principal problema en Iberoamérica y promueve formas para evitarla. Pasan por alto que **el mayor problema de la región es el mal uso, desviación y robo de impuestos por los gobernantes,** y sobre ese problema, que es la esencia de una corrupción que impide un mayor crecimiento, casi no proponen ninguna política.

En México, el problema no es la evasión fiscal, sino el robo de impuestos

Foto del autor

El actual bajo crecimiento mundial es consecuencia de gastos deficitarios y deudas impagables en la mayoría de los países europeos: Grecia, España, Francia, Italia, y en los iberoamericanos: Argentina, Brasil, México y Venezuela, entre otros, donde el robo y exceso de impuestos, y no su evasión, es la principal causa de su bajo crecimiento.

Bachelet, ¿desandará lo andado en Chile?

En la reinauguración de una plaza en la Universidad Nacional del Salvador, en Santiago de Chile, a la que le dieron el nombre del expresidente Salvador Allende, la actual presidenta socialista, Michelle Bachelet, dijo que combatirá la desigualdad "como lo hubiera querido Allende". A la fecha aumentó impuestos a las empresas y redujo apoyos a la educación privada, como una forma de reducir las desigualdades, tal como quería Allende.

Los resultados de las políticas socialistas del expresidente Salvador Allende, de 1970 a 1973, fueron una inflación de tres dígitos, de casi 1,000% y macrodevaluaciones. Un déficit de 30% del PIB. La emisión de dinero aumentó en 2000%. Los controles de precios crearon escasez de alimentos y aparecieron largas colas, el mercado negro y aumentó la corrupción.

Chile con Allende sufrió una situación parecida a la que hoy vive Venezuela. El descontento de los chilenos y el colapso económico crearon las condiciones para un lamentable golpe de Estado.

Las reformas económicas a partir de la caída del gobierno de Allende, tachadas de neoliberales por la izquierda, convirtieron a Chile en el país que más aumentó el nivel de vida en América Latina en las últimas cuatro décadas. En indicadores internacionales aparece en primer lugar en desarrollo humano, competitividad y libertad económica en la región. En la evaluación Pisa, primer lugar en matemáticas, lectura y ciencias en Iberoamérica.

Por sus relativos bajos impuestos a las empresas, 20%, hasta 2014, tuvo la inversión extranjera más alta por habitante en América Latina. Sus índices de crecimiento y de aumento de salarios reales son de los más remunerativos del continente. Algunas organizaciones consideran a Chile como el primer candidato para alcanzar la categoría de desarrollado en Iberoamérica.

Lo preocupante son las políticas socialistas de la actual Presidenta Michelle Bachelet, que ya tienen el rechazo de 74% de los chilenos.[14]

---

[14] Encuesta de Plaza Pública Cadem del 29 de agosto de 2016.

Las "nuevas" políticas económicas de Bachelet desandan el camino hacia el desarrollo con la excusa de reducir las desigualdades, y de continuar por el camino de Allende los resultados serán los mismos que con Allende: empobrecimiento de la clase media y más igualdad en una mayor pobreza.

China, ¿autora o víctima de la crisis?

Durante las cuatro décadas que China vivió bajo una economía socialista, marxista-leninista y maoísta, no creció su economía. A finales de los 50 sufrió una hambruna en la que murieron alrededor de 36 millones de chinos.

Hasta finales de los 70, antes de su apertura al capital privado nacional y extranjero y de echar a la basura el sistema socialista, China tenía un nivel de vida parecido al que todavía prevalece en Corea del Norte.

China se anexó Hong Kong, cuyo sistema fiscal de bajos impuestos, sistema laboral flexible y de libertad para importar y exportar, lo convirtieron en una de las zonas más competitivas del mundo.

El *Made in Hong Kong* fue el antecedente del *Made in China*. China no impuso su sistema estatista a Hong Kong, sino que tomó su sistema capitalista competitivo y lo estableció en China.

A partir de los años 80 China empezó a crecer aceleradamente. De 1980 a 2005 creció alrededor de 10% en promedio anual. Se convirtió en el país con el mayor crecimiento del mundo y el que abatió más la pobreza extrema, gracias a reformas internas y a la inversión extranjera directa.

Pero con esa inversión también llegó la inversión financiera, que a través de millonarios fondos globales inflaron las nacientes bolsas de valores chinas, las deudas de empresas estatales y del gobierno chino.

Esos fondos apostaron a crecimientos de dos dígitos, pero era previsible que se moderara el crecimiento de China. En 2015 fue de 6.9%, el más bajo para China en los últimos 25 años, pero de los más altos del mundo en ese año.

Los enormes movimientos internacionales debido a un exceso de liquidez, creados para cubrir los grandes déficits de los gobiernos de Italia, Francia, España, Grecia, México, Brasil y Estados Unidos, entre otros, generaron la crisis de 2008.

El reacomodo por el alza de tasas en EUA de carteras globales, que especulan con tasas, acciones y manejan miles de millones de dólares, generó bajas y alzas desordenadas en las Bolsas chinas y de varios países en 2016, debido a que un porcentaje importante de inversión financiera extranjera cambió de país y brincan de renta variable a renta fija, y viceversa.

China no es la principal causante de las devaluaciones y las caídas de las bolsas, aunque su gobierno ha cometido errores, como subsidios a empresas estatales y deuda excesiva, sino una víctima más del desorden financiero de gobiernos que cubren sus déficits presupuestales con emisiones monetarias, o deudas impagables que generan cantidades fabulosas de dólares y euros virtuales, electrónicos, sin respaldo real, que se mueven en el mundo inflando y desinflando bolsas.

Esos medios de pago sin respaldo son para costear los requerimientos de *Los vividores del Estado*, título de un libro que publiqué cuando fui presidente de la Comisión de Presupuesto y Cuenta Pública de la Cámara de Diputados.

Thatcher, ¿vigente?

Un editorial de *The Economist* señala que "Margaret Thatcher fue la primera política británica desde Winston Churchill en ser tomada en serio por los líderes de todas las grandes potencias".
Inglaterra desde 1945, terminada la Segunda Guerra Mundial, hasta la Revolución Thatcheriana, a mediados de los 80, fue gobernada bajo el llamado "socialismo Fabiano" o democrático que, a diferencia del socialismo marxista violento, llegó al poder por la vía electoral, pero los resultados económicos fueron parecidos a los de los gobiernos socialistas marxistas.

Foto: en.wikipedia.org

Cuando Margaret Thatcher llegó a primera ministra en 1979, había una crisis económica crónica y creciente en Inglaterra. En el gobierno laborista los grandes sindicatos imponían sus criterios en el sector del carbón y educativo. Un sinnúmero de empresas estatales perdía dinero y no se le veía fin a esa crisis.

Margaret Thatcher, llamada por el diario soviético *Estrella Roja*. **"La dama de hierro" redujo el Estado benefactor y corporativista que predominaba en Inglaterra. Le marcó el alto a los grandes sindicatos, entre ellos al de los mineros y de maestros, redujo el déficit presupuestal, la inflación y las tasas de impuestos. Terminó con los subsidios indiscriminados, inició la privatización de empresas estatales, que después se extendió en muchas partes del mundo y abolió controles de precios y salarios que desincentivaban la inversión.**

El gurú intelectual de Margaret Thatcher fue **Friedrich Hayek** a través de sus libros, galardonado con el Premio Nobel de Economía.

Thatcher no la tuvo fácil; lo que ella llamó los "ajustes estructurales", necesarios para recuperar la economía inglesa (ahora reformas estructurales), le costaron huelgas, presiones y críticas por parte de cientos de economistas keynesianos que le apostaban al Estado como motor del desarrollo.

En sus tiempos, los cambios que realizó iban a contracorriente. Después los aplicaron parcialmente en China, India y México con Salinas, entre otros países. La última década del siglo pasado y la primera del XXI confirman que Margaret Thatcher tuvo razón al reducir el capitalismo de Estado y fomentar lo que llamó **"capitalismo popular"**.

Sus reformas son vigentes, y en la misma dirección que las llamadas reformas estructurales, bien hechas, que necesita México.

Irlanda: menos impuestos a empresas, más crecimiento

Sintetizamos en diez puntos el fenómeno económico de Irlanda, que reafirma la austeridad en el gasto público y la baja de impuestos como el mejor camino para reducir déficit y deuda.

1. En 2010 el desorden financiero de Irlanda arrojó un déficit presupuestal en relación con el PIB de 32%. Su gobierno pidió a la Unión Europea (UE) que rescatara al país de la quiebra, como también lo hizo con Grecia, pero el camino tomado fue diferente.

2. Después de aprobado el plan de rescate, el Fondo Monetario Internacional (FMI) y el Banco Central Europeo (BCE) le recomendaron al gobierno de Irlanda, además de bajar el gasto, aumentar impuestos para recaudar más y reducir en los siguientes años el déficit al menos a 3% del PIB.

3. Aumentó el IVA general de 21% a 23%.

4. Mantuvo el impuesto a empresas a 12.5%, de las tasas más bajas de mundo, y a las empresas tecnológicas a 6.25%, a pesar de las presiones de Alemania y Francia para que los aumentara.

5. Inició un plan de austeridad con fuertes recortes del gasto público, que incluyeron educación, salubridad, gastos sociales, infraestructura, reducción hasta de 25% a los sueldos de funcionarios y despido de 23,500 burócratas.

6. Bajó los costos de transacción al reducir las horas para realizar trámites fiscales por debajo del promedio de los países de la OCDE.

7. Redujo la deuda pública de más de 100% del PIB hasta 75% y el plan es continuar reduciéndola.

8. Debido a la baja tasa de impuestos a las empresas, junto con la confianza que inspiró el plan de austeridad a inversionistas nacionales y extranjeros y la reducción del déficit y deuda, aumentaron la inversión, la actividad económica y la recaudación en 74% por arriba de lo estimado.

9. En 2015 las exportaciones aumentaron 40%, la competitividad laboral en 20% y el desempleo cayó de 15% a 7%.

10. El crecimiento del PIB en Irlanda en 2015 alcanzó 7.8%, de los más altos del mundo, y si se contabilizan operaciones y ganancias de empresas extranjeras fue de 26.3%.[15]

---

[15] Datos tomados de *Ireland's Corporate Tax Revenues*, Santander; *La razón*, de España, 1/9/2016, y el artículo de Daniel Lacalle sobre Irlanda del 24/08/2016.

Los costos de la inseguridad y de la violencia

Dos variables sociales con un gran impacto en el crecimiento económico son la seguridad y la paz. En ausencia de un clima de paz y de seguridad, no solo jurídica sino de la integridad personal y patrimonial, se reduce o paraliza la inversión, se cae el empleo, la creación de empresas y el crecimiento económico.

Ese panorama económico de parálisis ya se presenta en varios estados de la República: Oaxaca, Chiapas, Guerrero y Michoacán, donde además hay un gran daño educativo, al dejar sin clases a millones de niños. Paradójicamente, quienes reducen la calidad y cantidad de la educación a los niños, en su mayoría pobres, de esos estados son grupos de izquierda radical, una de cuyas banderas es luchar contra la pobreza.

Al no darles clases ni enseñar a los niños, les dificultan más salir de la pobreza y reducir la brecha de bajos niveles de vida en relación con los niños de otros estados y de los que reciben educación de escuelas privadas.

En Guerrero y Michoacán además la lucha entre cárteles de la droga o el crimen organizado se suman a los bloqueos de la Coordinadora Nacional de Trabajadores de la Educación (CNTE).

Esos grupos, CNTE y cárteles, en los que se tipifica el delito de crimen organizado, asustaron la inversión y han causado pérdidas millonarias a las empresas privadas por huelgas, bloqueos, quema y secuestro de sus transportes. La inseguridad y violencia en esos estados redujo la afluencia de turistas, una de las fuentes más importantes de ingresos y empleos.

Según cálculos de la **Coparmex**, las pérdidas sufridas durante todo el tiempo que ha durado la violencia: huelgas, plantones, bloqueos, secuestros, quema y esperas por días en carreteras para mover mercancías, miles de comercios que han cerrado sus puertas, desempleo, baja del turismo y una mayor desocupación hotelera, entre otros rubros, ascienden, en todos los estados donde opera la CNTE y en la Ciudad de México, a 115,000 millones de pesos, el doble del gasto en ciencia y tecnología, o casi al equivalente al gasto en educación superior.

PÉRDIDAS POR VIOLENCIA DE LA CNTE
(miles de millones de pesos)

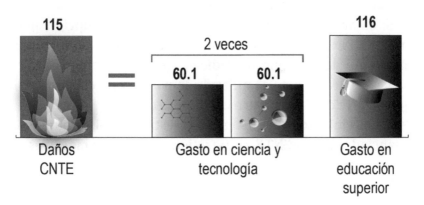

Fuente: Coparmex y Presupuesto de Egresos de la Federación 2016, SHCP.

Resumimos en 10 puntos los orígenes, empoderamiento y fines de la CNTE:

1. La Coordinadora Nacional de Trabajadores de la Educación (CNTE) toma el poder en Oaxaca de una sección del Sindicato Nacional de Trabajadores de la Educación (SNTE), gracias a gobernadores del PRI de ese estado peleados con el SNTE.

2. Hubo un pacto entre PRI y SNTE: el sindicato le da apoyo con profesores para buscar votos para el PRI a cambio del control de plazas y de nóminas de los profesores.

3. Los líderes de la CNTE, de extrema izquierda, rompen ese pacto, pero mantienen el control de plazas y de los miles de millones destinados a nóminas en Oaxaca. Las plazas, ubicación, ascensos y el pago de la quincena de los maestros dependían de la CNTE hasta antes de la Reforma educativa. La lista de asistencia que valía era la que la CNTE pasaba en manifestaciones, no en la escuela.

4. Los primeros rehenes de la CNTE, al igual que del SNTE, son los maestros, que ven en el sindicato a sus patrones que deciden su permanencia en el trabajo.

5. En ambas vertientes del sindicato hay corrupción, pero en la CNTE hay además violencia. Son el grupo político más influyente de la izquierda radical. Tienen capacidad para financiar el transporte de miles de activistas y maestros a cualquier parte de la República con dinero de la SEP.

6. Los violentos que castigan a maestros desobedientes son financiados por la CNTE, como quienes raparon a maestros en Chiapas por entregar listas de faltistas a la SEP.

7. El gobierno, a sabiendas de que busca enfrentamientos para generar víctimas y darle fuerza a su movimiento, ha tenido paciencia ante sus agresiones, las que son interpretadas por la CNTE, y también por la sociedad civil, víctima de la violencia de esta, como debilidad.

8. Los daños de miles de millones a empresas, las pérdidas de empleos en el comercio por sus bloqueos y el que los niños se queden sin clases, no le importan a la CNTE mientras el gobierno no ceda en lo que piden.

9. Lo que quiere la CNTE es que le regresen el control de los miles de millones que por años manipuló y el dominio sobre

las plazas en Oaxaca, Chiapas, Guerrero y Michoacán, que terminan con la Reforma educativa.

10. La paciencia, tolerancia y diálogo ofrecidos por el gobierno no ha surtido efecto. Organizaciones empresariales, educativas y los cientos de miles de ciudadanos afectados piden al gobierno que cumpla con su función de aplicar la ley.

La violencia: asesinatos, secuestros, daños a propiedades y violación de los derechos de libre tránsito a cientos de miles de ciudadanos productivos por bloqueos tolerados por la autoridad, ha repercutido en una menor creación de empleos, de crecimiento y una disminución de los niveles de educación, de por sí ya bajos, a los niños de esos estados.

No es coincidencia que entre las cinco entidades con más baja calificación en el cumplimiento de sus labores educativas, según el Índice de Cumplimiento de la Responsabilidad Educativa Estatal 2016 (ICRE-E2016), se encuentren cuatro estados donde la Coordinadora Nacional de Trabajadores de la Educación tiene en su poder la educación pública.

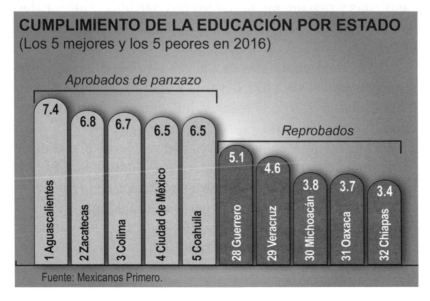

CUMPLIMIENTO DE LA EDUCACIÓN POR ESTADO
(Los 5 mejores y los 5 peores en 2016)

Aprobados de panzazo

7.4 — 1 Aguascalientes
6.8 — 2 Zacatecas
6.7 — 3 Colima
6.5 — 4 Ciudad de México
6.5 — 5 Coahuila

Reprobados

5.1 — 28 Guerrero
4.6 — 29 Veracruz
3.8 — 30 Michoacán
3.7 — 31 Oaxaca
3.4 — 32 Chiapas

Fuente: Mexicanos Primero.

Quién puede ganar la presidencia en 2018

Al inicio de la década de los 70, después de ser derrotado dos veces en las elecciones presidenciales, llegó a la Presidencia, con solo 36% del voto de los chilenos, el abanderado por una coalición de partidos de izquierda (Unidad Popular), Salvador Allende.

A ese presidente populista le bastaron tres años para generar estatizaciones, déficit presupuestal, emisiones monetarias y deuda pública que sumieron a Chile en la escasez, hiperinflación y las devaluaciones más altas de su historia.

Una de las principales causas del ascenso al poder de Allende fue el desgaste de los partidos políticos que habían gobernado. Muchos chilenos buscaron una nueva alternativa en un candidato de la izquierda populista.

En Venezuela se repitió la historia: ante las políticas mercantilistas y reglamentistas de los dos partidos tradicionales, se abrieron las puertas de la Presidencia al golpista Hugo Chávez.

Las políticas populistas de Chávez y su heredero Maduro, el socialismo del siglo XXI, llevaron a Venezuela, al igual que a Chile en los años 70, a la escasez, inflaciones y devaluaciones más altas en su historia.

Muchos no quieren más PRI, partido que a cuatro años de su regreso demostró que no superó sus viejos vicios. El PAN mantuvo la estabilidad económica en 12 años en la Presidencia y avanzó en transparencia, pero la falta de mayoría en el Congreso le impidió realizar las reformas estructurales necesarias para superar el subdesarrollo.

Las luchas internas por el control del PAN y entre los dos expresidentes los llevó a desperdiciar su capital político en 2012. En las próximas elecciones presidenciales, si continúan las divisiones en el PAN y no postulan al candidato o candidata con mayores posibilidades de triunfo, y ante un PRI desgastado por sus equivocadas políticas económicas y su corrupción, se abre la posibilidad que Andrés Manuel López Obrador llegue a la Presidencia, aunque la mayoría de los mexicanos no vote por él.

Recortes al gasto, ¿hasta dónde?

Al analizar los presupuestos del gobierno federal vemos que más de 80% de los gastos ya tiene un destino predeterminado. El margen de maniobra para nuevos proyectos es de 15 a 20% del total gastado.

Por costumbre, inercia, compromisos o rigidez laboral, en las dependencias gubernamentales y empresas estatales la mayoría de los gastos asignados anualmente llegan para quedarse, aunque solo sean fuente de desperdicio y corrupción.

Ante una reducción de ingresos y el peligro de que, a pesar del aumento de impuestos, se dispare más el déficit y la deuda y manden señales negativas a inversionistas y organismos internacionales, se debe instrumentar una reducción del gasto que permita reducir deuda, lo que implica un **superávit primario** (sin incluir costo de la deuda) para reducir la deuda y el déficit.

La reducción del gasto, además de reducir deuda y déficit, debe ser suficiente para bajar tasas de impuestos, lo que incentivaría la llegada de una mayor inversión extranjera directa, la creación de empleos, mayores crecimientos, y por lo tanto una mayor captación fiscal a mediano plazo. Pero hasta ahora al actual gobierno solo le ha interesado captar más a corto plazo, sin importarle crear las condiciones estructurales para crecer más a largo plazo con permanencia.

La reducción debe abarcar todas las dependencias, organismos y empresas estatales, los tres niveles y poderes de gobierno. Debe ser suficiente para frenar la tendencia al desequilibrio en las finanzas públicas.

GASTOS DE LA PRESIDENCIA
Acumulado en los cuatro primeros años (millones de pesos)

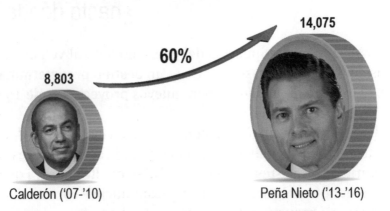

14,075

60%

8,803

Calderón ('07-'10)   Peña Nieto ('13-'16)

Fuente: Cuenta Pública y 2° Informe Trimestral al Congreso 2016, SHCP.

Lo más importante es bajar el gasto a niveles adecuados, el método es secundario. Lo determinante no es un presupuesto base cero, sino la decisión, empezando por el Presidente, de bajar el gasto en tal forma que evite empantanarnos en una recesión y libere recursos para activar al sector privado.

Hay mucha tela de donde cortar: pensiones fraudulentas e indebidas en los estados y empresas estatales, sobreprecios de 37% promedio en compras gubernamentales, nómina inflada por maestros que no dan clases.

México está entre los países de la OCDE que dedican una gran proporción de su presupuesto a la educación, pero es de los que tiene peores resultados en el aprendizaje y en las evaluaciones entre los países de la OCDE.

Existe una duplicidad de funciones en decenas de organismos, gastos superfluos y sin rendición de cuentas, empezando por los congresos. Presupuestos millonarios de ayuda al campo, que solo proporcionan votos, gastos etiquetados como "sociales" que no dan resultados y son utilizados para aumentar la clientela electoral, entre otros.

El presupuesto solo ayudaría a impulsar empleos productivos y el crecimiento, como ya comentamos, si los recortes al gasto son a niveles que frenen el crecimiento del déficit, de la deuda, y tengan un margen para bajar tasas de impuestos, si se quieren lograr mayores crecimientos y empleos productivos.

PÉRDIDA PETROLERA *vs.* REFORMA FISCAL
acumulados durante 2013-2015

(cifras en miles de millones de pesos)

1,270.7

1,037.3

Pérdida de
ingresos petroleros

-233.4

Ingresos por aumento
de impuestos

Recursos adicionales
netos

Fuente: Cuenta Pública 2012, 2013, 2014 y 2015. SHCP.

2012 - 2015
(acumulado)

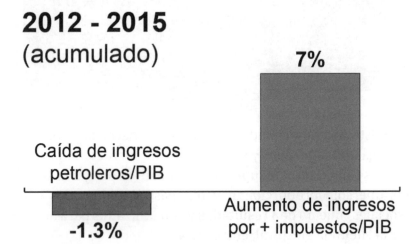

7%

Caída de ingresos
petroleros/PIB

-1.3%

Aumento de ingresos
por + impuestos/PIB

Fuente: SHCP.

La baja del precio del petróleo se podría haber cubierto con reducciones del gasto que podrían haberse dado sin afectar obras de infraestructura, los servicios reales de salud, educación y verdaderos apoyos a los más pobres.

Si el gobierno terminara con la corrupción, que representa 9% del PIB anual, se podrían ahorrar más recursos que los captados con los aumentos de impuestos en los primeros cuatro años del actual gobierno.

Aunque no es el camino correcto el aumento de impuestos, los ingresos adicionales que generó se debían haber destinado a reducir deuda y déficit, pero se siguió gastando irresponsablemente y aumentaron el dispendio y la corrupción.

Los ingresos petroleros acumulados de 2013 a 2015, que en realidad se dieron en 2015, fueron 5.4 veces menores a los recibidos por la reforma fiscal y mayores de 2013 a 2016 a los manejados por Calderón en sus primeros cuatro años de gobierno.

DÉFICIT FISCAL EN 2015 SIN AUMENTO DE GASTO

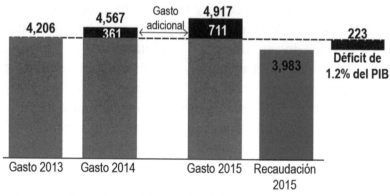

Fuente: Cálculos propios con datos de la Cuenta Pública 2014 y 2015, SHCP.
Cifras en miles de millones de pesos.

Si desde 2013 se hubiera mantenido el gasto público sin crecer, constante, con los recursos extras obtenidos de la reforma fiscal, mucho mayores al hoyo que creó la baja del petróleo, hubiéramos llegado a 2015 con un déficit de 1.2%, tres veces menor al que se tuvo —3.6%—, como podemos ver en la gráfica.

Las calificadoras Standard & Poor's y Mody's redujeron las expectativas crediticias a México de estables a negativas en 2016. La causa, un deterioro de su marco macroeconómico debido a un aumento de deuda y déficit en relación con su crecimiento.

De no variar esa tendencia se traducirá en una baja de calificación a México, que implica un aumento del riesgo país y de las tasas internas de interés para retener el capital financiero invertido en México.

Hay dos caminos para frenar la deuda y el déficit. Uno, trasladar el costo de reducir esos desequilibrios a los ciudadanos vía más aumentos de impuestos y de precios de las gasolinas y la electricidad; el otro camino es bajar el gasto público.

Hasta 2016 la vía escogida por el actual gobierno es la de pasarle la factura a empresas y ciudadanos productivos y simular o anunciar recortes al gasto inexistentes o insuficientes para frenar los desequilibrios en sus finanzas.

De 2013 a 2016, el ejecutivo federal no solo aumentó el gasto presupuestado cada año, decretado por el Congreso, sino gastó por arriba de lo aprobado por la Cámara de Diputados, donde su partido tiene mayoría y se ha despachado con la cuchara grande.

Cada uno de los primeros tres años de gobierno: 2013, 2014 y 2015 contravino la ley al gastar más allá de lo permitido. En tres años gastó 572,000 millones sin autorización del Congreso. Violó diversos artículos de la **Ley Federal de Presupuesto y Responsabilidad Hacendaria.**

Esa ley deja claro en su artículo 2, fracción XLVIII, la obligatoriedad del Ejecutivo Federal de cumplir con "[...] los ordenamientos jurídicos aplicables que procuren el equilibrio presupuestario, la disciplina fiscal y el cumplimiento de las metas aprobadas por el Congreso de la Unión".

Debido a sus gastos por arriba de los autorizados por el Congreso de 2013 hasta 2016, no hay la seguridad de que en el presupuesto aprobado por el Congreso para 2017 el gobierno federal respete los recortes y los topes presupuestales aprobados por los diputados.

GASTOS DEL GOBIERNO POR ARRIBA DE LO PRESUPUESTADO

(cifras en miles de millones de pesos)

Fuente: Cuenta Pública 2013, 2014 y 2015, SHCP.

Las conclusiones del Centro de Estudios Económicos del Sector Privado en un estudio sobre los desequilibrios fiscales del gobierno, son parecidas a las de las calificadoras, del FMI y de Banxico.

Todos esos organismos: nacionales, internacionales, privados y gubernamentales, resaltan la urgencia de frenar el aumento del déficit y la deuda pública en México mediante una baja del gasto, si no habrá a mediano plazo menos crecimiento, tasas más altas, salida de capitales, mayor inflación y devaluación del peso.

El aumento de precios de energéticos no es el mejor camino para frenar los desequilibrios, dice Luis Foncerrada, director del CEESP, sí reducir el gasto por lo menos en 300,000 millones, equivalente a 1.5% del PIB, que mantendría constante la deuda y lograría el mínimo de superávit primario requerido para no deteriorar más el marco macroeconómico.

El 7 de septiembre de 2016 renuncia el secretario de Hacienda, Luis Videgaray, quien tiene los estudios, experiencia y preparación para ejercer ese cargo, pero no pudo, no quiso o no lo dejaron conducir por el camino correcto las finanzas públicas.

Ese mismo día el presidente nombra a José Antonio Meade, quien también tiene las credenciales para ese puesto. El nombramiento fue bien recibido por los "mercados", los analistas económicos, los empresarios y hasta por parte de la oposición. Su primera declaración fue reconocer que toma la dependencia "en un momento muy complicado".

El 8 de septiembre de 2016, un día después, envió Hacienda el proyecto de Presupuesto de 2017 a la Cámara de Diputados para su aprobación. Presupuesto preparado por el equipo del secretario saliente, con la presión de reducirlo de tal forma que incluya un recorte para detener el crecimiento de la deuda, del déficit, y evitar un mayor deterioro de la economía.

El proyecto consideró una reducción del gasto de 239,000 millones, un pequeño superávit primario de 0.4% y un déficit de 2.9% del PIB para 2017.

El paquete económico para 2017 con esos recortes, señaló Joydeep Mukherji, director de Análisis de Deuda Soberana de México de Standard & Poor's Global Rating, no es suficiente para cambiar la perspectiva negativa de la calificación crediticia de México. "Vemos presiones políticas para seguir gastando", expresó el funcionario de la calificadora.[16]

El director para América Latina de Moody´s Analytics, Alfredo Coutiño, indicó que la debilidad del peso tiene su raíz, principalmente, en el prolongado desequilibrio de las finanzas públicas y la ampliación del déficit externo (*Reforma*, 17/9/2016).

Dice Coutiño en un artículo publicado por *Forbes México*:

> Los desequilibrios internos son la razón de fondo detrás de la caída del peso [...] Una moneda está más sujeta a ataques especulativos mientras más desequilibrada se encuentre su economía.[17]

En octubre de 2016 el FMI calculó que en 2017 la deuda total del sector público alcanzará 56% del PIB.

Los ajustes estructurales de fondo, no solo coyunturales, tienen una fuerte oposición de los grupos beneficiarios del gasto público y de los operadores electorales del partido en el poder, quienes necesitan más recursos, en especial en el llamado "gasto social", ya a cargo de un operador político del PRI, para ayudar a ganar las gubernaturas en juego en 2017 y la Presidencia en 2018.

Si los recortes al gasto de 2017 no son suficientes para frenar los desequilibrios de las finanzas públicas y fortalecer estructuralmente el marco macroeconómico, tendremos un deterioro creciente y riesgoso de las variables macroeconómicas: déficit, deuda, crecimiento, empleo, inflación y devaluación.

---

[16] *Reforma*, 10 de septiembre de 2016..
[17] *Forbes México*, 20 de septiembre de 2016.

Vías para altos crecimientos y menos pobreza

1. **Combatir** la pobreza creando las condiciones para una mayor inversión y no mediante subsidios a los pobres y programas que fácilmente se utilizan políticamente.

2. **Buscar** una mayor competitividad fiscal y laboral para incentivar la creación de empresas nacionales y extranjeras que generen empleos en las zonas atrasadas del país.

3. **Implantar** en las Zonas Económicas Especiales (ZEE) de reciente creación, en el papel, impuestos sobre la renta más bajos, como lo hicieron en China, que son de 15%.

4. **Aumentar** la igualdad de oportunidades mediante una mejora sustancial de la educación básica en las zonas más pobres.

5. **Reducir** la impunidad, en la cual ocupamos el segundo lugar a nivel mundial.

6. **Derogar** todas las leyes, reglamentos y prohibiciones cuyo costo sea mayor a su beneficio, que aumentan los costos de transacción de las empresas y son fuente de extorsión y corrupción.

7. **Analizar** todos los institutos, dependencias y fideicomisos gubernamentales con poco o nulo beneficio social, con altos sueldos y prestaciones a sus funcionarios. Bajarles presupuesto o cerrarlos.

8. **Tipificar** como delincuente a toda persona que reciba un sueldo del gobierno sin realizar el trabajo en el puesto asignado. Que sea separado de su cargo sin ninguna prestación o pensión.

9. **Consolidar** la obligatoriedad de los gobiernos estatales de rendir cuentas claras relacionadas con todos los recursos

provenientes de participaciones federales, al Congreso de la Unión y a la Auditoría Superior de la Federación, los que podrán entregar directamente el resultado de esas auditorías a jueces federales y no a los mismos legisladores o jueces locales del estado donde funcionarios cometieron desvíos.

10. **Bajar** gasto aun en sectores como el educativo y salud donde hay mucho derroche. Es función del ejecutivo buscar donde.

11. **Reducir gastos en la Presidencia** para dar el ejemplo: que el presidente viaje menos.

12. **Dejar de regalar dinero a los estados priistas** y obligar a sus gobernadores y exgobernadores a que enfrenten sus excesos y desviaciones.

13. **Prevenir**, no solo reaccionar cuando se tiene el agua al cuello, como en el caso de Pemex.

14. **Aplicar** de verdad el presupuesto base cero, que implica asignar presupuesto basado en el costo-beneficio de cada dependencia y programa.

15. **Mejorar el sistema educativo**, que es de los más deficientes del mundo en comparación con lo que gasta el gobierno en el pago de maestros y de la burocracia educativa.

¿CUÁL ES EL CAMINO CORRECTO?

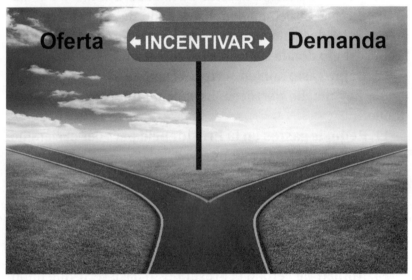

EL CAMINO INCORRECTO

+ demanda vía + gasto público

¿QUÉ SE HIZO MAL?

Aumentar impuestos en lugar de reducir gastos

DECISIÓN POLÍTICA

PRIvilegiar arcas llenas hasta elecciones intermedias de 2015 para asegurar mayoría en el Congreso

EL CAMINO CORRECTO

+ oferta vía:

1.- Menos impuestos
2.- Menos reglamentación
3.- Más flexibilidad laboral

SOLUCIONES

Estabilidad legislativa, leyes cortas y generales

SOLUCIONES

SOLUCIONES

Legislación laboral flexible que no llene de cargas y reglas a quienes buscan crear empleos

SOLUCIONES
Impuestos bajos y fáciles de pagar

SOLUCIONES
Disminución del gasto público para reducir
déficit presupuestal y deuda